AF306027

COMPTE-RENDU

DE

LA SÉANCE DÉS JEUX FLORAUX

Tenue en l'Hôtel de la Préfecture, le 7 Août 1898

SOUS LES AUSPICES

DE LA SOCIÉTÉ D'AGRICULTURE, SCIENCES ET ARTS D'AGEN

AGEN

IMPRIMERIE ET LITHOGRAPHIE AGENAISES

—

1898

SÉANCE DES JEUX FLORAUX

Tirage à part de la *Revue de l'Agenais*

NUMÉRO 4 (JUILLET-AOUT 1898)

CENTENAIRE DE JASMIN

COMPTE-RENDU

DE

LA SÉANCE DES JEUX FLORAUX

Tenue en l'Hôtel de la Préfecture, le 7 Août 1898

SOUS LES AUSPICES

DE LA SOCIÉTÉ D'AGRICULTURE, SCIENCES ET ARTS D'AGEN

AGEN

IMPRIMERIE ET LITHOGRAPHIE AGENAISES

—

1898

LA MUSE GASCONNE A JASMIN

(D'APRÈS LE BAS-RELIEF DE M. D. PUECH)

Offert au Musée d'Agen.

CENTENAIRE DE JASMIN

LA MUSE GASCONNE

La *Revue de l'Agenais* ne saurait se désintéresser des fêtes qui viennent d'être célébrées en l'honneur du Centenaire de Jasmin.

Organe de la *Société des Belles-Lettres, Sciences et Arts d'Agen* qui, on le sait, en avait pris l'initiative, elle est heureuse de pouvoir aujourd'hui donner en tête de ce numéro, consacré tout entier au compte-rendu de la séance des Jeux-Floraux, une reproduction phototypique du bas-relief offert à cette occasion par M. Denys Puech au Musée de notre ville.

Cette jeune fille, le foulard coquettement noué autour des cheveux, l'épaule charnue, la taille svelte, la jupe si naturellement retroussée, les pieds nus selon le vieil usage des bords de la Garonne, les bras nerveux et souples à la fois, décrivant la courbe la plus harmonieuse et tendant au poète cette élégante guirlande de roses et de lauriers, n'est-ce pas *Françouneto*, telle que nous la voyons chaque jour égayant de son frais sourire les vallons du Pont-du-Casse, ou, plus prompte et plus sérieuse, descendant au matin les pentes abruptes des coteaux de Monbran ? N'est-ce pas la *Faribolo pastouro*, apportant au chantre de sa jeunesse et de ses amours le tribut de sa reconnaissance ? Ou, plus buts. En 1798, ils recevaient d'autres journaux ; ils avaient traversé des années fort agitées même pour des novateurs.

Les librairies agenaises, de tout temps fort bien constituées, leur avaient procuré dans leur primeur les livres les plus goûtés à Paris. Ainsi, dans les casiers déjà vieux de leur bibliothèque, s'étalaient au premier rang, en éditions originales, les œuvres de Voltaire et de Rousseau.

Si l'on avait dit alors à ces hommes d'élite, triés entre eux sur le volet et qui peut-être inspiraient quelque jalousie à certaines gens hors de leur cénacle, si l'on avait affirmé à ces délicats, non exempts de préjugés, que le fils du tailleur, Jacques Boé, le futur Jasmin, serait la gloire de leur Société, je gage que leur stupéfaction eut été immense.

L'enfant devait grandir hors de ces horizons de la Grèce et de Rome qui dominent les études classiques. Avec la lecture et l'écriture, il apprit un peu de français, assez peu grâce à Dieu. Il devait penser toujours à sa langue natale et, comme le *mens divinior* était en lui dès l'adolescence, le poète déborda. Il égala bien vite les vieux maîtres qu'il ne connaissait pas et le don du ciel a pu rapprocher à travers les régions si éloignées, au-delà des siècles si longs, le grand Virgile, le doux Théocrite et Jasmin.

On sait quelles furent les rapides étapes de la carrière de Jasmin. Un jour vint où, son nom ayant retenti dans la France, la Société académique d'Agen se considéra comme très honorée de l'admettre parmi ses membres.

Voici à ce sujet, des extraits inédits empruntés aux procès-verbaux des réunions de la Société :

Séance du 26 juin 1833. — « M. Phiquepal d'Arusmont dépose sur le bureau divers ouvrages poétiques écrits dans l'idiome gascon par M. Jasmin, parmi lesquels se trouve une pièce intitulée : *Lou poèto gascou a l'écho del*

biel palay. Dans cette pièce l'auteur exprime le désir
d'être reçu membre de la Société. »

10 juillet 1833. — « Il est procédé par la voie du scrutin, à la réception des membres présentés dans la dernière séance. M. Cahuac, médecin en chef de l'hôpital militaire d'Oran est admis comme associé correspondant et M. Jasmin comme associé résident. »

20 juillet 1833. — Le poète paie sa bienvenue, en lisant deux pièces de sa composition dont les titres sont omis au procès-verbal.

Séance publique du 3 août 1833. — Jasmin donne lecture de son épitre à un jeune poète de Bordeaux [1].

6 septembre 1833. — La commission chargée de la composition du *Recueil* décide l'insertion, dans le volume en préparation, de l'ode en idiôme gascon récitée par Jasmin, le 5 mai 1830, à Nérac, au pied de la statue d'Henri IV.

5 mars 1834. — « M. Jasmin termine la séance par la lecture d'un poème en trois chants, contenant l'histoire de sa vie [2] ».

11 juin 1834. — « M. Jasmin termine la séance par la lecture de son poème, composé à l'occasion de l'inauguration de la statue du maréchal Lannes. »

17 septembre 1835. — Lecture de l'*Abuglo de Castelculiè*, poème en trois chants.

28 décembre 1836. — « M. Jasmin termine la séance par la lecture d'une pièce intitulée : *Le réveil du cœur*. Ce morceau adressé à une jeune voyageuse est extrait d'un poème que l'auteur achève en ce moment. »

---

(1) C'est l'épitre adressée au poète Hippolyte Minier.
(2) Tout le monde a reconnu : *Mous soubenis*.

1ᵉʳ mars 1837. — Lecture des pièces intitulées : *Las Rimotos, Lou boun Diou me diou ! A moussu Cazanobo, Lous bastardous de l'espital* et de divers impromptus improvisés à Marmande.

9 août 1837. — Lecture du premier chant de *Françouneto* [3] et de trois autres pièces de moindre importance.

13 septembre 1837. — « M. Jasmin a lu une pièce intitulée : *A moussu Silben Dumoun, deputat, qu'apretz abe bantat nostro lengo patouezo, la coundannabo a mort.* »

13 décembre 1837. — Lecture du poème : *La Caritat.*

22 août 1838. — Communication d'un récit de voyage intitulé : *Uno festo perdudo, uno cansou gagnado !* devenu plus tard : *Moun bouyatge à Marmando.*

21 août 1839. — « M. Jasmin lit les deux premiers chants et la moitié du 3ᵉ de *Françouneto.* »

4 Avril 1840. — Jasmin reprend et achève la lecture de son poème de *Françouneto,* qu'il fait suivre de son épitre à M. Fontès, directeur des Contributions directes à Agen, en réponse à un envoi de papier pour copier le susdit poème.

11 juillet 1840. — Lecture de l'épitre dédicatoire du même poème à la ville de Toulouse.

13 juillet 1840. — Lecture de deux pièces de vers consacrées l'une à la mémoire de M. Durand, le *médecin des pauvres,* et l'autre à la gloire de La Tour d'Auvergne, premier grenadier de France.

18 décembre 1841. — « M. Jasmin a terminé la séance par la lecture de trois pièces de vers dont voici le sujet :

---

(1) La place de ce mot a été laissée en blanc dans le registre. Mais nous ne croyons pas nous tromper en remplissant le vide comme nous venons de le faire.

La première est une chanson adressée à ses amis de Pau et d'Oloron qui lui avaient envoyé un service de linge de table, pareil à celui que M. Bégué avait fabriqué pour la maison royale [1].

La seconde est adressée à M. Baze, pour le remercier d'avoir fait, en 1835, la préface du premier volume des œuvres de notre poète.

Dans la troisième, M. Jasmin dédie le second volume de ses poésies à M. Charles Nodier, qui le premier des littérateurs de la capitale, prit la défense de la langue gasconne et parla de notre confrère. »

2 avril 1840. — Jasmin fait une première lecture d'une pièce intitulée l'*Espagne,* composée pour être récitée dans un concert au bénéfice des réfugiés Espagnols.

Séance publique du 15 septembre 1841. — Jasmin lit une pièce de vers pour remercier la ville d'Auch du beau présent qu'elle lui a envoyé [2]. Il lit en outre son épitre à Mme de Vivens, sur son voyage à Paris.

18 mars 1843. — « Il est donné lecture d'une lettre écrite à notre confrère M. Jasmin par M. Silvain Dumon, pour lui annoncer :

1° Que Madame la duchesse d'Orléans venait de lui faire transmettre une lettre avec une boite, renfermant trois médailles d'un petit module, en or, en argent et en bronze à l'effigie de M. le duc d'Orléans. La médaille en or porte à son revers : *Son Altesse Royale Madame la duchesse d'Orléans, au poète Jasmin.*

2° Que M. le Ministre de l'Instruction publique venait de l'inscrire parmi les hommes de lettres dont l'Etat encourage les travaux, pour une pension de mille francs. »

---

(1) C'est la pièce intitulée : *Nappo de prince et coutel de canel,*
(2) *La Coupo d'or. A la bilo d'Auch, que me l'a baillado.*

1 avril 1843. — Lecture de diverses pièces adressées à MM. Emile Deschamps, Sainte-Beuve, Léonce de Lavergne, Des Echerolles, à Mlle Jeanne Narbonne, à M. et à Mme B. Martinelli.

Séance publique du 26 août 1843. — Jasmin donne lecture du *Preste sans gleizo*, pièce déjà communiquée à la Société le 19 août précédent.

Séance publique du 2 septembre 1844. — Après en avoir au préalable donné connaissance à la Société, le 24 août, Jasmin lit pour la première fois en public son poème de *Maltro l'Innoucento*.

Séance publique du 30 août 1845. — Lecture de : *Ma bigno.* « A la demande générale, ajoute le procès-verbal, notre poète gascon a terminé la séance par son *Abuglo de Castelculié*, que l'on entend toujours avec un nouveau plaisir. »

Durant les années 1846 et 1847 il ne se rencontre dans les registres de la Société aucune mention de Jasmin.

Mais en l'année 1848, le poète reparaît avec un nouveau chef-d'œuvre. Dans la séance publique du 24 novembre 1848, Jasmin donne lecture de : *La Semmano d'un fil*; dans celle du 31 août 1849, d'un nouveau poème intitulé : *Bilo et campagno*.

Il serait trop long d'énumérer toutes les communications de Jasmin à la Société depuis cette époque jusqu'à sa mort. Contentons-nous de citer une nouvelle épître à M. Dumon ; le Remerciement à l'académie des Jeux floraux ; les vers offerts par le poète à M. Ancelot, de l'Académie Française, à l'occasion de la réception de ce dernier comme membre correspondant de celle d'Agen et en souvenir de la bienveillance dont l'éminent académicien l'avait honoré à Paris ; l'Hymne à la Vierge, composée par Jasmin à la demande de l'évêque d'Alger pour contribuer à la construction de Notre-Dame-d'Afrique ; une seconde série de Souvenirs ; et enfin sa réponse à Renan.

Dans le registre d'où ces notes sont extraites, la signature de Jasmin se rencontre à la date du 18 décembre 1852, au bas du nouveau règlement de la Société, modifiant celui du 22 mai 1830. Le 14 décembre 1861, le même registre constate le don fait à la Compagnie, par le poète, d'un magnifique exemplaire de l'ouvrage de Léo Drouyn qui a pour titre : L'*Architecture du Moyen-Age dans le département de la Gironde*. On peut y lire à la même date, les renseignements qui suivent, concernant le portrait de Jasmin exposé aujourd'hui au musée d'Agen.

Séance du 14 décembre 1861. — « Le procès-verbal adopté, M. Jasmin demande la parole : Messieurs, dit-il, en acceptant pour notre musée l'offrande si éminemment artistique de M. Filhol, vous avez voulu d'abord rendre hommage à l'incontestable talent de l'artiste, mais en même temps vous avez fait pour moi une douce chose ; vous m'avez octroyé presque, et d'avance, un brevet d'immortalité dans mon pays. Sans doute vous m'avez tenu compte, avant tout, de l'enthousiaste affection que je lui porte, et dès lors, je le conçois, vous ne m'avez pas jugé tout à fait indigne de cet honneur ; mais pas plus que ma fidèle image, je ne suis encore, — et je ne m'en plains pas, — dans les conditions exigées par l'usage. Vous avez bien voulu passer par dessus cette difficulté. C'est une faveur dont je sais tout le prix et dont je vous remercie affectueusement, ce soir, en attendant que ma muse le fasse plus convenablement et à sa manière. »

M. le président honoraire [1] accepte au nom de la Compagnie les remerciements de M. Jasmin et lui dit que si, en effet, elle a voulu rendre hommage au talent distingué de

[1] M. Paillard, ancien élève de l'Ecole des Chartes et préfet de Lot-et-Garonne.

M. Filhol, elle a voulu aussi témoigner sa chaude sympathie au poète qui l'honore et dont chacun de ses collègues
est l'admirateur et l'ami. »

Le 12 août 1864, le procès-verbal de la Société renferme
la mention suivante : « Très souffrant encore d'une maladie
grave, qui l'a tenu alité pendant plus d'un mois, M. Jasmin
donne lecture d'une pièce intitulée : *Lou poeto del puble à
Moussu Renan.* » C'était, hélas ! le chant du cygne.

Environ deux mois après, le 5[1] octobre 1864, à quatre
heures de l'après midi, Jasmin mourait, dans sa maison
d'Agen, muni des sacrements de cette religion à laquelle il
avait consacré ses derniers travaux. On lui fit de solennelles
funérailles dont on peut lire le récit dans les journaux du
temps. Les archives de la Société en ont également conservé
la relation. La Compagnie voulut y assister en corps et deux
de ses membres, MM. Martial de Laffore, président, et
Adolphe Magen, secrétaire perpétuel, figurent parmi les
personnes qui furent admises à l'honneur de tenir les cordons du drap funèbre. Au cimetière, après le discours de
M. Noubel, alors maire d'Agen, promettant à Jasmin, au
nom de la cité honorée par son génie, cette statue que le
dévoué magistrat eut la bonne fortune d'inaugurer lui-même
quelques années plus tard, MM. l'abbé Capot, vice-président
de la Société et Adolphe Magen, prononçèrent, à leur tour,
l'éloge du poète. Au dire de nos procès-verbaux, leurs allocutions, comme celle de M. Noubel, éveillèrent dans la foule
un long et vibrant écho. La ville d'Agen ne venait-elle pas
de perdre le plus illustre peut-être de ses enfants ?

---

[1] Nous appelons l'attention de nos lecteurs sur cette date du 5 octobre, celle du 4
ayant été donnée à tort, par notre regretté collaborateur M. Andrieu, dans son *Dictionnaire bibliographique*, d'ordinaire si exact. Les procès-verbaux de notre Société,
d'accord avec le *Journal de Lot-et-Garonne* de cette époque, établissent, en effet, —
nous l'avons vérifié, — que Jasmin est mort le 5 octobre 1864 et que ses obsèques ont
eu lieu le 7 du même mois.

Telles furent les relations de Jasmin avec la Société des Sciences et Belles-Lettres d'Agen, dont il demeurera, dans la postérité, le plus célèbre représentant.

La solidarité d'une génération à l'autre, la perpétuité des traditions, constituent la force et aussi l'honneur des sociétés littéraires. C'est par là que Tamizey de Larroque, qui vient de mourir, se rattache à Lacépède ; c'est par là que nous sommes les conservateurs de la gloire de Jasmin.

Notre devoir était donc de prendre l'initiative des fêtes du Centenaire.

Dans une séance, en date du 10 novembre 1897, notre collègue, M. Ratier, président de l'*Escolo de Jansemin*, félibre majoral, nous saisit des projets déjà élaborés par lui pour la célébration des fêtes. Dès ce jour et dans les séances qui suivirent, on décida que M. Ratier représenterait la Société aux fêtes du Centenaire, dont il aurait la présidence. On lui laissait pleine liberté pour les questions si difficiles d'organisation. La Société souscrivait pour 300 francs. Cette somme devait être affectée spécialement aux prix à décerner aux lauréats d'un concours poétique. MM. Lac de Bosredon, ancien président de la Société, et Antonin Perbosc, félibre majoral, étaient désignés comme rapporteurs, l'un pour la poésie française, l'autre pour la poésie en langue d'oc.

Grâce à l'initiative de M. Ratier, de nombreux Comités furent constitués pour rédiger un programme et en assurer l'exécution.

Notre intention n'est pas d'entrer dans le détail des projets et des travaux assez rapidement effectués pour assurer le succès des fêtes. Il suffira de dire que ces projets eurent pour eux l'assentiment de la population et le concours moral et financier des pouvoirs publics, du Conseil général du département et de la municipalité d'Agen.

La première date fixée pour les fêtes fut celle du lundi de la Pentecôte et du lendemain, 30 et 31 mai.

Mais alors se fondait à Paris une Société littéraire, dont le but était de grouper dans la capitale les enfants de la Gascogne exilés des coteaux où mûrit la prune, où chante la cigale félibréenne. Son titre fut emprunté aux scènes retentissantes d'une pièce à la mode ; son emblème fut le grillon. Afin d'assurer leur bienvenue au jour et à la célébrité, les *Cadets de Gascogne*, hardis comme les Cadets d'autrefois, résolurent de sonner entre Agen et les gorges du Tarn, à travers Montauban, Toulouse, Luchon, Carcassonne, les plus hautes fanfares.

Quand l'œuvre est bonne, rien de plus légitime que de la faire connaître en mettant tout en branle depuis la presse aux mille voix, jusqu'à l'imagerie populaire transformée et devenue de nos jours un art d'un éclat sans rival aux yeux de la foule.

Les *Cadets de Gascogne* avaient manifesté l'intention de commencer par Agen leurs joyeuses étapes et d'y marquer leur passage en portant au poète, qui fut l'un des premiers instigateurs de la renaissance du Midi, le tribut de leurs hommages, de leurs couronnes et de leurs chansons.

Mais, retenus à Paris par leurs devoirs professionnels, la plupart ne pouvaient se mettre en route que dans les premiers jours du mois d'août.

Mis au courant de leurs projets par M. le Maire d'Agen, le Comité local des fêtes du Centenaire comprit tout de suite l'importance, sinon la nécessité, de faire coïncider avec leur séjour dans notre ville la célébration des fêtes de Jasmin.

Il fut arrêté d'un commun accord que la date de cette solennité, fixée d'abord aux 30 et 31 mai, serait reportée aux 6 et 7 août.

On aurait de cette façon une double fête, non pas seulement une fête agenaise ou gasconne, une simple fête de famille, mais beaucoup plus : l'exaltation du Midi, le concours de tous ceux qui parlent ou entendent encore la langue d'oc ou ses sœurs, les langues romanes de la France.

Le succès des fêtes, on le sait, a dépassé les espérances. Les journaux du pays en ont publié les triomphantes relations ; nous y renvoyons le lecteur. Notre seul but en écrivant ces lignes, est de faire connaître la part que la Société des *Belles-Lettres, Sciences et Arts d'Agen* a prise à ces solennités, la contribution apportée par elle à ces fêtes.

En même temps qu'elle instituait, comme on l'a vu plus haut, un concours poétique — ou pour mieux dire et pour donner à ce concours son nom traditionnel : des Jeux Floraux, — la Société avait décidé de tenir une séance solennelle pour y proclamer, avec les résultats du concours, les noms des lauréats et donner lecture, autant que possible, des œuvres couronnées.

A cette séance avaient été invitées toutes les sociétés littéraires du Midi. Sans hésitation et, le nom si populaire de Jasmin venant en aide à l'invitation, la plupart s'empressèrent de répondre à l'appel qui leur était adressé. Voici la liste de ces compagnies qui se sont fait représenter par des délégués.

Sociétés savantes

Académie nationale des Sciences, Belles Lettres et Arts de Bordeaux. — MM. A. de Tréverret, Th. Froment, l'abbé Ferrand, le docteur Garat.

Académie des Jeux Floraux de Toulouse. — MM. J.-F. Bladé, F. M.[1]; l'abbé Léonce Couture, F. M. ; le colonel Perrossier, le comte Isidore de Gardès.

Académie des Sciences, Inscriptions et Belles-Lettres de Toulouse. — MM. Roschach, J.-B. Brissaud, le baron Dézazars de Montgaillard.

---

[1] F. M. abrévation de Félibre majoral.

Société pour l'étude des Langues romanes de Montpellier. — M. Teulié.

Société de Vaucluse d'Avignon. — M. le commandant Fichou.

Société Archéologique, Scientifique et Littéraire de Béziers. — M. Frédéric Donnadieu, F. M.

Société des Sciences et Belles-Lettres du Tarn d'Albi. — MM. Lafargue, Numa Lacroux.

Société Historique et Archéologique du Périgord. — M. Eugène Roux.

Société des Archives historiques de la Saintonge et de l'Aunis, de Saintes. — MM. le comte de Dienne, de Brezets.

Société Archéologique de Tarn-et-Garonne de Montauban. — MM. le chanoine Pottier, Edouard Forestié, Lavitrey, Montagol, Bourdéon, Crépin.

Félibrige

Délégation officielle. — MM. Gaston Jourdanne, F. M., et Paul Mariéton, F. M., chanceliers ; Carles de Carbonnières, F. M., assesseur d'Aquitaine ; Albert Arnavielle, F. M., assesseur de Languedoc ; H. Messine, syndic de Languedoc ; Antonin Perbosc, F. M. ; Louis Astruc, F. M. ; Maurice Faure, F. M. ; Clovis Hugues, F. M. ; Sernin Santy ; Jean Carrère ; Maffre de Beaugé.

Ecoles ou Groupes Félibréens

Agen. — Escolo de Jansemin.

Béarn. — MM. Adrien Planté, Xavier de Cardaillac, Michel Camelat, Albert Darclanne.

Toulouse. — MM. L. Vergnes, Bacquié Fonade, A. Sourreil, P. Fagot, Danton Cazelles, de Serres, Pujol, Aug. Portes, Sicard, Chabrié.

Béziers. — MM. F. Pigot, E. Barthe, docteur Michel, Pagès, Xavier Goulard, Uchan, Maffre.

Carcassonne. — MM. G. Jourdanne, F. M., Prax, Isidore Lannes.

Montauban. — M. Quercy.

Limousin. — MM. le chanoine J. Roux, F. M., S. Santy, L. de Nussac, Chadourne, Simon, Renault, Gasperi, Beyraud, Anglade, Marque, de Carbonnières, Teyssier, A. Renaudie, Manjauze.

Auvergne. — MM. Vermenouse, l'abbé Courchinoux.

Toulon. — M. Paul Coffinières.

Cette. — MM. J. Castelnau, J. Soulet.

Foix. — MM. P. Estieu, A. Caussou, P. Dunac.

Montpellier. — MM. F. Troubat, docteur Banal, E. Marsal, F. M.,
— T. Delmas, L. Berthoumieu, J. Véran, J. Temple, Baratier, Plan-
chon, Martin, Bertrand, Saumade, Ancette, F. Bertomieu, J. Rouquet.

Alais. — MM. A. Blavet, E. Crespon, F. Chabrier, L. Sabatier,
L. Tuech.

Société des Félibres de Paris. — MM. Sextius Michel, F. M. ;
J. Troubat, Elie Fourés, Amy, J. Gardet, E. Plantier.

Principaux Félibres ne représentant aucun groupe

Mme Réquier, MM. de Beaurepaire-Froment, J. F. Court, J. Monné,
F. M. ; de Berluc-Perussis, F. M. ; V.-V. Bernard, F. M. ; F. Mara-
tuech, P. Labrouche, A. Poydenot, baron Guillibert, F. M. ; Isidore
Salles, F. M. ; l'abbé Bessou.

Soit en tout dix-sept félibres majoraux sur cinquante.

*Lauréats des Jeux Floraux du Centenaire qui ont accepté
l'invitation à la séance littéraire :*

M. Alexandre Westphal, M. Gaston Lavergne, Mme C. Fitte,
Mlle Marthe Duhau, M. B. Pozzy, Mlle Claire de Blandinières,
M. J. Martin, M. P. Clergeaud, M. Simin Palay, M. Arthur Poydenot,
M. Hann de Crillon, M. Albert Mailhe, M. F. Rigal, M. Alfred Laurent.

La Séance des Jeux Floraux s'est tenue, le 7 août, à quatre
heures du soir, dans la salle des Mosaïques de la Préfecture,
mise obligeamment, par l'autorité départementale, à la dis-
position de la Société. Mais avant d'en donner le compte-
rendu on nous saura gré de reproduire — il serait d'ailleurs
injuste de ne pas le faire. — le discours en langue romane,
prononcé le matin, au pied de la statue de Jasmin, par
notre confrère et collaborateur M. Ratier, promoteur des
fêtes du Centenaire et président général du Comité chargé
de les préparer :

DAMOS E MOUSSUS,

Ero puple et Gascou ! La lengo *del sans fayssous* diu s'en douna,
la prumèro.

D'autres faran se resquita la lengo *de la bisito*, que sara coumo un

lugrejomen de pèrlos finos. Ei amassat, jou, de bispolos sus pots des
oubriès e des paisans. E la courouno que t'anan adouba sara coumo
la cal, o Jansemin, tu qu'à banta la grando patrio metères l'entrin e
lou fran pensa garounés; tu qu'aimères per dessus tout la pitchouno
patrio e cambières soun gipou fierlangous en mantèl estelat.

Doun nous baciu de milès altour d'uno estatuio. I'a la Bilo, la Coun-
trado, tout lou Mètjour. Lou brut que mounto de la foulo, — m'en-
gani pas, nani, — aquel brut es lou fremissomen de gens que coumu-
nion dins uno emoucioun intimo. A quin prepaus, tout acò ?

> . . . . L'aoutre siècle n'abio
> Qu'un parel d'ans à passa sul la terro,
> Quan al recouèn d'uno bièillo carrèro,
> . . . .
> Nasquèt un drolle, ...

un drolle que fusquèt lou filhol de la Pouesio.

Besès coumo la poulido fatchilhèro li perfumo lou lèi de la pauresso,
sa mai; coumo sarcis per el, de bordo en bordo, la biasso de soun
pairi; coumo sous pès nuts, lou fai caressa pel sable caudet de l'ilhot
e pel fres gratilhou de l'èrbo flourido; coumo, soun cap nut, lou cofo
d'aire sanitous e de sourel embeudaire. Escoutas dambé quin bresi-
lhadis de rire ounèste e de sentimens pietadous empleno l'esprit e lou
co de l'efan, talèu espelits; jutjas s'es prou gignouso, en prestin soun
âmo, de nou res prene qu'à nostre biais poupulari : aigo puro de l'inspiracioun, farino sancièro de la dreto pensado, dincos al leban d'oc
qu'uflara la pasto e nous la fara mai goustouso. Besès, escoutas, jutjas :
saurés que lou perruquiè fusquèt pouèto, tout ço de pus crane entre-
mièi lous pouètos, gramecés al soul trabal de la naturo qu'en fan
boujoula ta souben l'engin chel minable rampèlo sul sabé que se
croumpo.

Eh ! be, z'ou cal dire, nostre oumatge s'arrèsto pas à Jansemin
cantaire. Dison, e parei prou, que la pouesio s'endeben gaire dambé
lou tens d'aro. Lou tindinomen de rimos escampilhados en l'aunou
des prats e de las pastouros sono faus al mitan de las cansos apauridos
e des maines jour per jour abandounats. Que la Muso gragnairo d'ideal
s'en angue desgruna sous cabels pel mounde, un pau cadun passo,
mespresen ou tipejous, daban la dibino mentido qu'acuso de nous
aflasqui ; un pau cadun nous bol pas que lou Rèbe, coupe l'amarun
del souci de douma. Abèn bèl, lou pitchou noumbre, pensa e afourti
que l'ideal, tapla e milhou que lou minja, preparo per touto grando

causo d'omes bertadèromen forts, saquela sabèn coumo aqueste placè sariò desèrt se lou que festejan n'èro estat qu'un pouèto.

Sufis pas, tapau, à nostre oumatge de Jansemin quistaire, de Jansemin que sous efforts countro la misèro ennartèron tout souls à la punjirico de l'art de coumpousa e de declama. Trento ans, — touto uno bito bitanto ! — dins lous crambots estrets oun lou paure espelhoundrat s'agrupis de fret e bado de talen, lou gran prèste de la Caritat fasquèt plèure un labassi de pistolos. Trento ans, lou besquèron roulla trabès las planos, grimpa pes pèchs, pertout oun lou cridabon. Soulomen aquiu sa partido èro gagnado d'abanço. Es que demandabo pas en Franço oun es tan dous de douna ? Es que demandabo pas surtout dins lou Mètjour Gascou, qu'atchi dessus coumo sus tan d'autres puns, merito d'èstre apelat la doublo Franço ?... Tabé prouclama, nous-aus, soun amou de la Caritat, acò semblariò de glouriolo : tout urous d'abé balhat, nous countentan de remercia.

Mès, talèu lou proujèt del Centenari anounçat, uno bufado misteriouso es partido de Sent-Antoni oun nous apilan anèi, estats, oupiniouns ou cresenços frairalomen abarrejats. Pas brai, mounde del Grabè, de Sent-Alari, de la Porto-del-Pi, de la Porto-Nèbo ; pas brai, bous-aus, que sès benguts de dèts, trento, cincanto lègos à l'entour ; pas brai, lous que nous quitères un jour per ana pourta un pauquet de nostre san dins la bito naciounalo, pas brai que la fèsto de Jansemin bous es aparescudo coumo nostro fèsto, coumo la de l'âmo Gascouno ? E bous-aus que nous arribas de toutos las countrados oun, tapla qu'aciu, debat l'or e lou blu de nostre cèl, perfumado tan que nostros flous, foundento dins la bouco tan que nostro fruto, roussignoulejo dumpèi nau-cents ans e sens fi roussignoulejara, la douço lengo d'oc, pas brai qu'aquelo fèsto bous es aparescudo coumo la de nostro raço mètjournalo ?

Mens que res, un pouèto poupulari de l'estofo d'aqueste n'es l'efèt de l'asard ; l'asard sauriò pas toumba juste per embouima la foulo e l'entraina. Un loun grumèl d'annados, un pilot de joios, de pèssomens, de souscados, d'actes, preparon l'un per l'autre qui bai souna e qui bai entendre. Pus fort : lou sounaire arribo à l'ouro oun sara que la taulo d'armounio rasounan darrè las cordos de la liro publico.

Las *Papillotos* me balharan pas lou dementit. Cercas-i quin felhet porto pas la marco de tout ço que sèn, boulèn, aiman ; quin felhet porto uno autro marco. Aquel libre es lou brebiari de nostros tradiciouns, coustumos ou legendos ; la garbo granado de nostros qualitats simplos ou erouicos ; un tros de l'istorio franceso escribudo per nostres pepis,

brabes trabalhaires de tèrro ou de mestiè, sabens renoumats, souldats sens reculado e se pausan jamai.

Acò's a tal que presan *nostres rocs bestits en belou que berdejon,
nostros planos que toutjour daurejon.* Atal toutjour.

La lengo del trabal
A la bilo, pel la campagno,
On la trobo dins cado oustal ;
Y'espouso l'home al brès, jusqu'al clot l'accoumpagno.

Atal l'escai-noum de *franciman* marco al fèr rouge lou qui cou-
menço l'aprendissatge de regenaire en aben ounto de soun brès. Atal
quan l'aunou del païs zou coumando, touts i sèn. Dins la grandou
coumo à la malo-ouro, nostre esprit e nostres bras boton dèts quan
lous autres boton un. Mès, lou pres-fèit acoumplit, nostre co proucla-
mo toutjour que

La pitchouno patrio es bien aban la grando !

I'a pas à dire : lous dus patrioutismes esplicats e prounats per las
Papillotos, batchiu la foun d'oun paichelèt l'inspiracioun del pouèto.
E — qui me jetara la pèiro ? — batchiu sustout en de que soun canta
fusquèt l'echo dés soubenis e de las aspiraciouns de touto uno raço.

Z'abiò be sentit, nostre perruquiè : lou parla mairal ten lou seme de
l'idèio loucalo ; es à dire de nostro ouriginalitat e de nostro balou.
Mès se doutabo gaire, en lou lantsan de campèstre en campèstre,
qu'èro lou samenaire atendut per la Proubinço tengudo lountems en
bousigo. Marselhés, Aubergnats, Gascous, tout serbiò as goubernaires
d'autres cots, per lous espouti de forço, per lous despersouna legalo-
men, quitomen per lous i capouna la fièrtat. l'abiò de preferats et de
filhastres, coumo se d'escarts dins la coulou des pièls, la coupo de la
bèsto, lou biais del carattèri empatchabon d'èstre frais, lous drolles
d'uno mémo mai. Acò's plus atal dins la Franço d'anèi. La barietat
des engins proubincials, junits en bisto de la grandou coumuno, i amaduro dejà la plus bèlo segasou. E tout a cambiat dumpèi que Jansemin, entounan d'aquelo segasou lou prumè sègo-ligo, balhèt lou toun
as milès de cigalos patriòuticos engarrancidos debat las turros.

Bibo doun lou grand Agenés, l'un des plus illustres pouètos del siècle !
Bibo l'ome que sa debisò, seguido sens falhi, fusquèt « Bountat !» Bibo
lou pitchounet de qui la bito restara coumo l'etsemple e l'ennoublis-
somen des pitchounets ! Bibo lou fil debot que plantèt lou lugret al
froun de la Gascougno ! Bibo lou proufèto del Mètjour e la manobro
de la nacioun !

Atal cridan, lous milanto que sèn aciu. E nostro aclamacioun ren-
countran à trabès lous aires la de quinze millioùns de Mètjournals, sus
nostre Jansemin la bolto del Panteoun poupulari es ennartado per
l'Immourtalitat. »

La séance des Jeux Floraux a commencé, à l'heure dite,
devant une salle comble. Elle a été ouverte par M. l'abbé
Durengues, président de la Société pour l'année 1898,
assisté de Mme Réquier, (célèbre dans le monde du Félibrige sous le nom de *Philadelphe*), de M. Ratier, président
des fêtes du Centenaire et de MM. de Bosredon et Perbosc,
rapporteurs des concours littéraires.

On distinguait aux premiers rangs de l'assistance, M. le
Préfet de Lot-et-Garonne, dont l'inépuisable complaisance
et la naturelle courtoisie n'ont pas médiocrement contribué
aux succès de toutes ces réjouissances, Monseigneur l'Evêque
d'Agen, M. Chaumié, sénateur et maire d'Agen, Mme Saint-
Aubin, petite fille du poète Jasmin et M. Saint-Aubin, son
mari, président à la Cour de Montpellier; et groupés comme
ils avaient pu, au milieu d'une salle trop étroite pour le
nombre de gens qu'elle contenait, les délégués des compagnies littéraires de la région qui avaient accepté l'invitation
de la Société.

Au début de la séance, M. l'abbé Durengues, président,
a prononcé le discours suivant :

MESDAMES, MESSIEURS,

Une famille est naturellement jalouse de la gloire des siens. A
l'approche du Centenaire de Jasmin, son orgueil, sa fierté, et, on
peut le dire, son plus bel ornement, la *Société des Lettres, Arts et
Sciences d'Agen* a cru qu'il lui appartenait de prendre l'initiative
d'une fête, en l'honneur de l'immortel poète, d'une fête qui serait
digne de lui.

A notre appel la ville d'Agen a répondu aussitôt avec la plus tou-
chante unanimité et le plus vif enthousiasme. La chose en vérité n'est

pas pour étonner. Dans l'œuvre de Jasmin n'est-ce pas l'âme même du pays qui palpite et qui chante ? Aussi tant qu'il y aura des cœurs agenais épris d'idéal et de bonté, de beauté et de charité ; tant qu'il y aura sous notre beau ciel des lèvres harmonieuses pour redire les plaintes de Françonnette ou de Marthe l'Innocente, Jasmin restera, dans sa patrie, le poète le mieux compris, le plus goûté, le poète préféré aussi bien de la foule que de l'élite, au fond le seul populaire.

Les villes du Midi qu'il parcourait jadis en pacifique vainqueur, chantant, comme il l'a dit lui-même, pour les crèches, les salles d'asile, les églises et les pauvres, charmant des milliers d'âmes, soulageant d'innombrables misères, exerçant les plus salutaires influences, ces villes, dis-je, ont tenu à honneur de mêler, en ce jour, leurs acclamations aux nôtres et ont chargé de très nombreux et très dignes représentants d'apporter ici, comme contribution à nos fêtes, leur large tribut d'admiration, de reconnaissance, de pieuse fidélité.

Notre invitation devait recevoir un accueil particulièrement favorable, non seulement auprès de notre brillante *Escolo Jansemin*, mais aussi auprès des Sociétés savantes des provinces méridionales, auprès du *Félibrige* surtout, dont notre Jasmin fut, sans contredit, le vrai précurseur. Pouvait-il en être autrement ? Qui donc, sinon notre glorieux poète, a ressuscité à la vie littéraire la vieille langue romane ? Qui donc, le premier, lui a rendu ses titres de noblesse depuis si longtemps perdus ? Qui donc enfin, en provoquant, pour ainsi dire, ce brillant réveil de la muse des troubadours, cette heureuse renaissance des lettres gasconnes, languedociennes et provençales, a restitué à la grande patrie et au monde civilisé toute une moitié de l'esprit français ?

Paris enfin, ce Paris où il lui avait suffi de se montrer pour en faire la conquête, Paris qui, dès la première heure, avait reconnu son génie, l'avait proclamé et consacré, Paris n'a pas voulu demeurer étranger à nos fêtes. Il nous a députe, avec la plus aimable et la plus flatteuse spontanéité, des pléiades d'hommes éminents qu'il a coutume de voir briller au premier rang dans les lettres et dans les arts. Je ne vois rien au-dessus d'un pareil hommage. Il ne me démentirait pas le poète qui a écrit :

> Bous aous et lous sabens à ma muzo gascouno
> Baillas cadun uno courouno
> Moun co las pezo et dit : Aro ey prapou d'aounous,
> La de Paris ran fier, la d'Agen ran hurous !

Rien donc, semble-t-il, ne manque au triomphe de Jasmin. Cependant, s'il est vrai, comme nous l'apprend Virgile, que les héros, aux Champs-Elysées, gardent les mêmes goûts qu'ils avaient sur la planète

> Quæ gratia, fuit vivis... quæ cura
> Eadem sequitur tellure repostos.

Ne croyez-vous pas que la poésie ne devait pas être bannie de nos fêtes, mais qu'elle devait plutôt y avoir une place d'honneur et en quelque sorte les présider ?

C'est ce que notre compagnie a pensé. Aussi a-t-elle ouvert deux concours poétiques en l'honneur de Jasmin : l'un en langue française, l'autre en langue d'oc. Les résultats ont passé nos espérances. Vous allez vous même en juger par la lecture des rapports et des principales pièces couronnées.

Mais avant, qu'il me soit permis de remercier, avec la plus vive effusion, au nom de la *Société des Lettres, Arts et Sciences d'Agen* que j'ai le grand honneur de représenter en ce moment, d'abord la reine de ces jeux floraux[1], puis les dignes enfants d'un si glorieux père, qui portent si bien le fardeau de leur beau nom ; nos hôtes très honorés, nos chers compatriotes, les artistes éminents qui, dans l'occasion présente, font assaut de virtuosité et de généreux dévouement, MM. les membres du Comité du Centenaire et des Commissions, leur président si heureux aujourd'hui, si digne de l'être et leur président d'honneur, M. le maire et sénateur d'Agen, M. le Préfet de Lot-et-Garonne, Mgr l'Evêque, les autorités de la ville et du département, MM. les représentants de la presse, et, entre tous, M. Xavier de Lassalle, l'âme de ces fêtes, tous ceux, en un mot, — et ils sont nombreux — qui par leur concours si empressé et si actif ont assuré le succès de cette fête du Centenaire de Jasmin, de cette fête qui d'heure en heure, prend toutes les proportions d'une véritable apothéose !

Après avoir fait acclamer de nouveau le nom du poète, M. Durengues a donné la parole à M. de Bosredon, rapporteur du concours en langue française, qui s'est exprimé dans les termes suivants :

---

[1] Madame Réquier.

Mesdames, Messieurs,

Je sais le peu d'intérêt que présente, pour la majorité
des auditeurs, le compte-rendu des travaux soumis à un
concours littéraire, ce concours serait-il poétique, si harmonieuse d'ailleurs que soit la poésie, cette *musique de l'âme*,
comme l'appelle Voltaire. Aussi ne puis-je me défendre d'un
certain malaise en prenant ici la parole, au nom de la commission chargée de l'examen et du classement des poésies
françaises, pour en faire connaître le résultat.

Cette Commission était composée de trois membres de la
Société des Sciences, Lettres et Arts : MM. Bordes, ancien
élève de l'Ecole normale supérieure, agrégé de l'université,
professeur de seconde au lycée Bernard-Palissy ; l'abbé Mar-
tinon, professeur de rhétorique au collège Saint-Caprais ; et
l'auteur de ce rapport, qui sent déjà, comme ses distingués
collaborateurs, gronder sur sa tête les colères des concurrents malheureux et qui a dû, pour la circonstance, se mu-
nir de la triple cuirasse déjà en usage du temps d'Horace.

Nous n'avons, vous le pensez déjà, aucun chef-d'œuvre à
vous présenter. Nous avons cependant de bons poèmes à
passer en revue, quelques jolies strophes à vous lire.

Chargé de cette lourde tâche, je suivrai le sage conseil
du poète latin : je serai aussi bref que possible. Je n'ou-
blierai pas que j'ai devant moi un public d'élite, fidèle au
culte de l'art et de la poésie, disposé à apprécier les œuvres
qui le méritent, mais sollicité par d'autres exigences, et
dont l'attention doit être, pour ces divers motifs, double-
ment ménagée. J'entrerai enfin en matière sans autre préam-
bule.

Le programme des Jeux floraux, organisés par la *Société
des Sciences, Lettres et Arts d'Agen*, comprenait en première ligne une *Ode à Jasmin*. L'ode est certainement la plus
haute expression de la poésie lyrique. Elle exige de grandes

qualités : élévation de la pensée, richesse de l'imagination, ampleur des développements, majesté soutenue du style. Elle doit, sans tomber dans le faux lyrisme,

Elever jusqu'au ciel son vol audacieux,

dirais-je avec Boileau, si je ne craignais les sarcasmes des poètes indisciplinés, en révolte contre cette gênante autorité.

Six candidats n'ont pas craint d'affronter ces difficultés. Leurs efforts sont restés infructueux. La commission n'a pu, malgré le désir qu'elle en avait, couronner aucune des odes envoyées.

Le deuxième sujet imposé était un *A-propos*, en un acte et en vers, destiné à être joué en lever de rideau.

Le résultat a dépassé ici nos espérances. Sept pièces portant cette indication nous ont été adressées. Quatre d'entre elles ont été éliminées à la première lecture.

Les trois autres tranchaient sur celles-là par leur valeur et leur supériorité.

Il est regrettable que les circonstances aient empêché de donner suite au projet primitif. L'un ou l'autre de ces à-propos, interprété sur la scène, aurait été certainement fort bien accueilli par le public Agenais.

Le premier, intitulé *Au bord de l'eau*, a pour auteur M. Blancher-La Feuillade, de Toulouse. Il comprend trois personnages :

Jasmin, coiffeur, 25 ans.

Borel, bourgeois, pêcheur à la ligne, 60 ans.

Jeanne, sa fille, 20 ans.

L'action se déroule sur les bords de la Garonne, où Jasmin est venu s'étendre, à l'ombre des saules, par un bel après-midi d'été. Il jouit là de la liberté qu'il s'est donnée et s'enivre, en vrai poète qu'il est, de la chaude lumière du soleil couchant. Il s'écrie dans sa joie :

.... Vive l'été ! vive l'âpre buée,
La feuille par le vent à peine remuée,
Le ruisseau paresseux et, par les bois dormants,
De mille insectes d'or les longs bourdonnements
Et, là bas, dans les champs, la lueur apparue,
Qu'arrache le soleil au soc de la charrue,
Pendant que les grands bœufs marchent avec ennui.

....

Il se rencontre là avec une jeune fille, éprise elle-même de poésie et dont l'enthousiasme contribue à faire éclore en lui sa véritable vocation.

On pourrait reprocher à ce sujet de manquer dans le fond de naturel et de vraisemblance. Il ne paraît s'appuyer sur aucun fait historique. Mais les scènes sont bien conduites, le dialogue est serré, le vers bien fait. On y voit des morceaux de bravoure bien venus et l'ensemble produit une très agréable impression. Ces qualités diverses ont valu à l'auteur le premier prix.

L'à-propos mis en parallèle avec celui-là a pour titre *Jasmin coiffeur pour Dames*. Son auteur est M. François Rigal, de Montauban.

Le sujet est résumé dans une page de Léon Rabain *(Jasmin, sa vie et ses œuvres)*: « Dans le but de grossir son pécule, Jasmin avait ajouté à son titre de perruquier celui de « Coiffeur de Dames ». Cette idée parut d'abord heureuse. Toutes les dames de la ville se disputèrent l'honneur d'être coiffées par un poète ; c'était assez original,

Mais voici ce qui arriva : Jasmin sortait avec une liste de quatre ou cinq dames à coiffer, chaque coiffure devait lui rapporter un franc et l'absence devait être de deux heures. Le plus souvent il ne rentrait qu'à la nuit, et le plus souvent encore, dans sa tournée il n'avait coiffé qu'une personne.

Nous vous laissons à penser si Magnounet mit bon ordre à tout cela !... Il ne coiffa plus de dames ; la recette s'en

trouva mieux, et Madame Jasmin s'applaudit de cette réfor-
me économique, qu'elle appelait son coup d'état. »

Ajoutez à celà la visite de Nodier, dans la boutique de
Jasmin, et vous aurez l'ensemble de la pièce, dont les personnages sont :

Jasmin,

Charles Nodier,

L'abbé Miraben, ami et bienfaiteur de Jasmin,

Et Marie Barrère, dite Magnounet, femme de Jasmin.

Cette pièce, au point de vue littéraire, est moins bien
venue que la précédente. Les scènes sont plus compactes, ont
moins de saillie ; le vers est plus raide et l'élan, la bouffée
de poésie manque aux bons endroits. En revanche, le sujet
est mieux choisi, plus réel. Elle a encore l'avantage de
réssusciter une scène historique, de présenter une image
plus fidèle de Jasmin, de son entourage et de ses débuts. Le
second prix lui a été accordé.

Le troisième poème, ayant pour devise *Mieux vaut tard
que jamais*, est plutôt un drame lyrique qu'un simple
a-propos, dont il dépasse les dimensions. C'est une idylle,
une adaptation, pour la scène, de Marthe la folle, avec les
mêmes personnages auxquels ont été ajoutés quelques rôles
secondaires.

Le sujet ainsi traité, avec ses rythmes variés pourrait, ser-
vir de libretto pour une opérette avec récitatifs. Il y a de
l'habileté dans ce travail, du talent dans la versification,
particulièrement dans la traduction des chansons et dans les
petits vers. La chanson de *Françouneto* en donnera une
idée :

> O folâtre bergère,
> Sirène au cœur glacé,
> Vois, je me désespère.
> Je ne peux plus me taire
> Et mon cœur est blessé.
> Tu fais toujours la folle

> Et, frôlant ton épaule,
> Chacun à tour de rôle
> Couvre tes doigts légers
> De baisers.
> Tout celà, pastourelle,
> Ne sert pas au bonheur,
> Car l'amour de son aile
> Ne touche pas ton cœur.

Le troisième prix a été décerné à l'auteur de ce poème, M. Pierre Clergeaud, de Moissac.

Afin d'élargir le cadre du concours et de laisser un plus libre essor aux divers talents, une *Pièce libre* a été ajoutée au programme, avec la seule condition de ne pas dépasser 80 vers.

Cette facilité de choisir son sujet, de n'écouter que son inspiration, devait tenter poètes et versificateurs. La Commission s'aperçut bientôt que la tâche qui lui incombait ne serait pas légère. Une avalanche de strophes, de vers de toute nature s'est abattue sur elle; 98 pièces lui ont été successivement adressées. On trouve dans ces mélanges ce que Martial constatait dans ses propres vers :

Sunt bona, sunt quædam mediocria, sunt mala plura
Il y en a de bonnes, plusieurs sont médiocres, beaucoup sont mauvaises.

Un examen général a eu pour premier résultat l'élimination de 35 œuvres de cette dernière catégorie. Elles pourront être conservées dans les archives de la Société pour témoigner que la liberté de rimer est une de celles dont nous jouissons sans aucune entrave.

Après une deuxième lecture, 46 pièces d'une infériorité notable étaient encore mises de côté. Elles renfermaient toutes, au double point de vue de la composition et de la forme, de nombreuses défectuosités; dans plusieurs d'entre elles, nous avons néanmoins rencontré de bons vers, bien rythmés, des traits heureux, du sentiment et de la grâce.

Deux poèmes, le *Beuve*, comprenant de 7 à 800 vers, et une *Ode à Napoléon*, de près de 300 vers, ont dû également être écartés, malgré leur valeur, comme ne rentrant pas dans les limites du programme.

Dans les 15 pièces qui restaient, ont été enfin choisies les dix qui devaient être couronnées. Nous ne citerons que ces dernières, en commençant par les mentions.

Sous le titre *Le Rosaire d'Amour*, figure une poésie légère qui dénote une certaine habileté, mais l'idée de greffer sur le Rosaire des stances amoureuses ne nous a pas paru heureuse. En voici le début :

> Allons dire notre rosaire
> Et chanter notre alléluia,
> Voici refleurir les lilas,
> Et des nids c'est l'anniversaire ;
> Du cœur nous lirons le bréviaire,
> Les oiseaux nous diront bonjour.
> Allons dire notre rosaire
> Notre beau rosaire d'amour.
>
> Les bois seront le sauctuaire
> Où nous nous mettrons à genoux
> Pour dire des *Ave* plus doux,
> Et sous le doigté du mystère,
> Leurs grandes orgues solitaires
> Chanteront l'ivresse des jours.
> Allons dire notre rosaire,
> Notre beau rosaire d'amour.

> . . . .
> . . . .

Beaucoup de facture dans ces vers, écriture artiste, mais rime plutôt indigente : des mots au singulier s'accordent facilement avec des pluriels ; dans trois strophes, l'avant-dernière rime est en l'air. L'auteur est M. Hann de Crillon, de Nicole (Lot-et-Garonne).

La poésie intitulée *Mon premier bonheur*, envoyée par

Mᵉ Marie-Alix Lavignac, de Périgueux, est d'un tout autre sentiment. Une fillette de six ans reçoit de sa mère, pour sa fête, une bague en or. Elle est conduite à la promenade par sa bonne. Insuffisamment surveillée, elle s'éloigne seule et rencontre, assis à l'écart, un vieillard malheureux, avec lequel elle échange quelques mots. N'ayant pas d'argent, elle lui donne sa bague pour acheter du pain. Et la sensible enfant se sent toute heureuse de sa bonne action.

Il y a dans ce récit une certaine affectation de naïveté mêlée de mignardise. mais il est bien conduit et d'un joli sentiment. La versification en est bonne.

M. Blancher Lafeuillade, dont l'à-propos a été classé le premier, nous a envoyé une pièce intitulée *Senectus*, commençant par ces vers :

> Après tant de longs jours, femme autrefois aimée,
> Je te revois enfin ! Viens, je te conduirai
> Dans le bois solitaire à la sombre ramée
> Où jadis je te rencontrai.

Les ans ont passé, les cheveux ont blanchi, mais, dit le poète en terminant :

> N'avons-nous pas pour nous les amours de la tombe,
> Les amours éternels.

Le sentiment en est assez élevé et juste, le vers est harmonieux, mais à la fin apparaissent quelques faiblesses de style.

Vient ensuite *La légende de l'ermite*, de M. Paul Félix, de Marseille. L'ermite dont parle la légende n'est plus là.

> Accrochant aux halliers sa soutane de bure,
> Le vieux s'en est allé dans le sombre au-delà ;
> Mais il revit toujours par la douce légende
> Que grand-père Mathieu me racontait souvent,
> Près de l'âtre, le soir, quand là-bas sur la lande
> Le froid régnait en maître et que soufflait le vent
> . . . .

La facture en est bonne, le rythme bien franc, mais elle manque de composition, de netteté dans le dessin.

Voici un charmant sonnet, A *mes fleurs*, envoyé par Mlle Claire de Blandinières, au château de Bleys (Tarn).

Le sens en est résumé dans le dernier vers :

Nous sommes bien moins fleurs que les fleurs ne sont femmes

Il est humoristique et élevé à la fois, le sentiment vrai, le vers facile et rapide. Nous cédons au plaisir de le citer en entier à la suite de ce rapport.

Deux autres pièces nous ont été adressées par le même auteur. La première est intitulée : *Les remercîments d'un Grillon d'Agen aux Cadets de Gascogne*.

Ce grillon se montre très fier d'avoir été pris comme insigne par les Cadets, mais il reste fort modeste dans ses remerciements :

. . . .

Mon *cri-cri* manquera peu-être de puissance
Pour témoigner ici de ma reconnaissance,
Mais la sentir vaut mieux que la trop bien chanter.
Effrayé d'un effort qu'il n'ose pas tenter,
Mon esprit, incapable et confus, se récuse,
Et mon cœur trop ému — c'est sa meilleure excuse —
Ne trouve qu'un seul mot à vous dire : merci.

. . . .

La seconde pièce a pour titre : *Plaintes d'un cheval de fiacre contre les automobiles*.

Elles sont écrites l'une et l'autre avec le même esprit, la même verve originale, mais aussi avec une trop grande facilité, dont le poète ne se méfie pas assez.

Nous trouvons ensuite une pièce intitulée : *Le printemps* pour laquelle Mlle Marthe Duhau, de Tonneins, a obtenu un quatrième prix. L'auteur dépeint dans une dizaine de strophes le double sentiment, joie et tristesse, qu'il éprouve et dont il cherche en vain l'explication. Tout m'enivre et m'émeut, s'écrie-t-il,

> . . . .
> Tout rallume en mon cœur je ne sais quelle flamme
> Où des phalènes noirs voltigent nuit et jour !...
> Et ces phalènes noirs près de ma flamme ardente
> Tournent éperdûment sans jamais s'y brûler.
> Ils endeuillent ainsi sa clarté rayonnante
> Et leur bourdonnement à mon bonheur qui chante
> Comme un refrain de mort vient toujours se mêler !
>
> Espoirs, doutes cruels alternent à cette heure,
> Doux songes du présent, crainte de l'avenir !
> Sur mon bonheur rêvé faudra-t-il que je pleure ?
> Avant de le tenir faudra-t-il que je meure ?
> Descendrai-je à la tombe avant que d'en jouir ?

La facture en est un peu terne, il s'y glisse quelques faiblesses de style, mais l'ensemble est bien, l'inspiration en est moderne, la versification correcte.

Le 3° prix a été décerné à deux concurrents classés *ex-æquo*. Le premier est M. Devillaine, de Toulouse, dont la pièce a pour titre: *Stances à un ami*. Elle débute bien :

> Salut et bon espoir. Ah ! je voudrais vous suivre
> Sur ces sommets sacrés plus rapprochés de Dieu,
> . . . .

Le seul reproche à adresser à ces stances bien rythmées est l'emploi trop fréquent d'épithètes banales, quelques chevilles dans les rimes. Elles sont d'un sentiment élevé et harmonieuses. On les retrouvera en entier à la fin de ce rapport.

Nous avons reçu, groupées ensemble, plusieurs pièces dont le genre et la facture auraient suffi pour indiquer une même origine. Quelques-unes, qu'on pourrait appeler *de circonstance*, n'ont d'intérêt que pour les personnes qu'elles concernent. Elles dénotent toutes une imagination vive et une grande, trop grande facilité, L'auteur semble jouer à toute occasion avec la rime. Il pourrait dire, comme Ovide :

> Quidquid tentabam scribere versus erat.
> Je ne puis rien écrire à moins de faire un vers.

Ne le lui reprochons pas trop, car dans ses poésies se trouvent de jolies choses.

Le Portrait d'une marraine est une charmante peinture d'un vif coloris, d'une gaîté mutine. J'ai, dit cette marraine, plus de cœur que d'esprit. Elle doit alors en avoir beaucoup. On le sent du reste dans *Un Ange*, d'un sentiment un peu mignard, mais assez juste et assez heureusement rendu, malgré certains clichés poétiques ; et dans *Le Petit Frère*, questionnant ainsi naïvement sa pauvre mère, anéantie par la mort de sa fille :

> Maman, pourquoi toujours dort-elle
> Ma petite sœur ? réponds-moi
> Il faut l'éveiller. Je l'appelle
> Elle ne parle plus... Pourquoi ?
>
> Elle ne veut plus me rien dire
> Pourquoi si longtemps elle dort ?
> Gronde la, fache toi bien fort.
>
> . . . .
> . . . .

Il y a là certainement beaucoup de sentiment. La fin pèche un peu comme composition. Le 3ᵉ prix *ex-œquo* a été décerné pour ces poésies à Mᵐᵉ Fitte, de Tonneins.

Le second prix a été obtenu par M. Poydenot, de Montgaillard (Landes) pour son sonnet *Le Grillon*, d'une bonne facture et dont la citation nous dispensera de toute critique.

Au félibre exclusif qui naît dans la Provence,
Jalouse de son ciel, de son antiquité,
Ainsi qu'à la cigale, il faut pour sa cadence,
Les lumineux rayons des chauds soleils d'été !

Moins soucieux des feux que le Midi dispense,
Au troubadour gascon dans sa rusticité,
Comme au joyeux grillon qui bruyant se dépense ;
Il suffit du reflet d'une simple clarté.

Son art ne sertit point de fines pierreries ;
Il va chantant gaiment des guérets aux prairies,
Car son aile vibrante est rebelle à l'essor !

Violette, pervenche, œillet ou chrysanthème
Ne sont point faits pour lui ; son véritable emblème
Est une fleur des prés, l'agreste bouton d'or.

Enfin la pièce classée la première est due à M. Alfred Laurent, de Saint-Romain (Lot-et-Garonne). Elle a pour devise quatre vers de Sully-Prudhomme.

.... Comme les sphères de flammes
Tournent en s'appelant toujours,
Ainsi d'harmonieux amours
Font graviter toutes les âmes.

Elle est bien conçue, bien rythmée, d'une forme corecte et harmonieuse. On pourrait bien y relever une légère imperfection dans la troisième strophe, mais le poète a dit avec raison :

Verum ubi plura nitent in carmine, non ego paucis
Offendar maculis

En lisant de beaux vers, je n'oserai me plaindre
De quelques traits moins purs échappés au talent

(DARU)

Ne nous montrons pas plus difficiles que lui.
Cette pièce sera donnée en entier à la suite de ce rapport.
Parmi les manuscrits que nous avons reçus, se trouvait

une excellente traduction en vers français, ou plutôt une interprétation de *Maltro l'Innoucento* La Commission ne pouvait classer cette œuvre dans aucune des catégories indiquées par le programme. Elle jugeait d'autre part très regrettable de ne pouvoir récompenser un travail bien fait et se rapportant directement aux fêtes du centenaire. Elle a tranché la difficulté en accordant un prix exceptionnel à l'auteur, M. Alexandre Westphal, de Montauban, qui nous avait adressé cette œuvre.

Ici, Messieurs, se termine ma tâche. Si nous n'avons pu, à notre grand regret, donner des couronnes et des éloges à tous les auteurs dont nous avons reçu et lu les manuscrits, nous leur devons, à tous, des remercîments pour avoir bien voulu répondre à notre invitation collective.

Nous sommes particulièrement reconnaissants aux dames, ces muses gracieuses, de nous avoir apporté, dans ce tournoi poétique, leur charme et leur esprit et d'être venues aujourd'hui orner de leur présence cette fête littéraire.

Maintenant, que les vaincus se rassurent, le voile qui recouvre leurs noms ne sera pas soulevé, leurs œuvres resteront ici anonymes.

Après son rapport, M. de Bosredon a lu, selon sa promesse, la pièce de M. Alfred Laurent, qui a obtenu le premier prix de poésie française.

L'oiseau que sa couvée appelle
Traverse l'azur infini
Pour s'envoler à tire-d'aile
    Vers son doux nid.

L'onde qui chante dans la mousse,
En reflétant les buissons verts,
S'enfuit où son courant la pousse :
    Aux flots des mers.

La fumée, en longues spirales,
S'élevant loin de nos bas lieux,
Cherche les plaines sidérales
    Des vastes cieux.

La brise, vers les fleurs écloses,
Avec amour vient se glisser,
Et dans le sein des belles roses
    Met un baiser.

Enfin, tout vers un but suprême
Fatalement est entraîné ;
Tout, au bel idéal qu'il aime,
    Est enchaîné.

C'est une force impérieuse
Qui mène au but par Dieu fixé :
Par une main mystérieuse
    Tout est poussé...

Si l'onde, en chantant suit sa pente,
Si la brise cherche les fleurs,
La même loi toute-puissante
    Guide nos cœurs.

Et c'est la même loi sacrée
Qui, rendant mes rêves si doux,
M'entraîne, ô ma vierge adorée,
    Toujours vers vous.

A la suite de cette lecture, M. Ratier a proclamé les lauréats de la section française du concours poétique, dont voici les noms. Ceux qui étaient présents sont venus recevoir leur récompense des mains de Madame Réquier.

LANGUE FRANÇAISE

A propos en un acte et en vers

1er *Prix*.....   M. Blancher La Feuillade (Toulouse).
2. —   M. François Rigal (Montauban).
3. —   M. Pierre Clergeaud (Saint-Hubert près de Moissac).

Poésie. — Sujets libres

1er *Prix*.....	M. Alfred Laurent (Saint-Romain).
2. —	M. Arthur Poydenot (Saint-Sever).
3. —	Mme Cléontine Fitte (Tonneins).
ex-quo.	M. François Devillaine (Toulouse).
4. —	Mlle Marthe Duhau (Tonneins).
Mention.....	M. Hann de Crillon (Nicole).
—	M. Blancher La Feuillade (Toulouse).
—	M. Paul Félix (Marseille).
—	Mlle Claire de Blandinières (Cordes).

Travail couronné hors section

Prix........	M. Alexandre Westphal (Montauban).

(Traduction libre en vers de *Maltro l'Innoucento*)

Dans l'intervalle compris entre cette distribution de récompenses et la seconde partie de la séance, deux jeunes filles, portant dans leurs mains des gerbes de fleurs, sont venues les offrir, au nom des Dames d'Agen, à Mme Saint-Aubin. L'offre était accompagnée d'un compliment écrit par l'une d'elles dans la langue ressuscitée et rajeunie par son grand-père, et que nous sommes heureux de reproduire, car il rappelle sous une forme élégante une des plus hautes vertus de Jasmin : la Charité.

7 *Agous 1898*

A Madamo Sent-Aubin, nascudo Jansemin

L'immortel Jansemin, bostre gran pai, Madamo,
Lou poèto Gascou al co tan pietadous,
Quan lou gèl e la nèu, l'ibèr, arrucon l'amo
Que lou ben amalit dins las carrèros bramo,
El partiò per quista de pa pes malurous.
Es aquel pa qu'Agen, anèi, bous torno..... en flous.

A la reprise de la séance, M. Perbosc, félibre majoral de la maintenance de Languedoc, a donné lecture de son rapport sur le concours de langue romane.

Lorsque Jasmin chantait :

> O ma lengo, tout me zou dit,
> Plantarey uno estelo à toun froun encrumit,

les hommes du pays d'Oc qui acclamaient le poète, les illustres admirateurs qui de Paris proclamaient son génie, pensaient-ils que cette étoile serait l'annonciatrice d'une renaissance de la littérature méridionale ? Jasmin lui-même l'avait-il prévu ? Quoi qu'il en soit, pour employer la belle image du grand précurseur, de nombreuses étoiles, petites et grandes, ont fait rayonner merveilleusement de leur couronne de clarté le front de notre chère langue d'Oc. Mesdames, Messieurs, ce ne sont pas des étoiles de première grandeur que notre concours nous permet de révéler, mais de moyennes et petites étoiles, dont quelques-unes promettent de grandir.

J'ai l'honneur de vous présenter le rapport dans lequel le jury d'examen m'a donné le mandat de résumer ses travaux. Il a reçu environ 120 manuscrits émanant de plus de 80 félibres. De cette abondante gerbe il a formé un léger bouquet dont les parfums et les couleurs sont divers, mais évoquent tous la *petite patrie*. Ma tâche est de détacher une à une de ce bouquet ces fleurs de nos terroirs et d'en faire un éloge qui ne sera pas toujours sans réserves. — Tâche charmante : louer une fleur, la chose la plus belle dans la nature, admirable même lorsqu'elle ne nous offre qu'une tentative impuissante vers l'idéal de beauté ! Hélas ! le poète n'a pas toujours la puissance de création correspondante au but à atteindre ; mais sa grandeur n'est-elle pas de placer son idéal très haut ? Le gland, dans la terre généreuse ou sur le roc stérile, songe : Je serai un grand chêne. Qu'il soit glorifié pour la noblesse auguste de son rêve !

Soyons donc indulgents pour les défaites et louons les valeureuses entreprises, et que les vaincus se consolent en songeant aux revanches que l'avenir réserve toujours aux forts et aux persévérants.

Ceci dit pour les vaincus de notre tournoi littéraire, qui ont droit à notre sympathie par leurs efforts consciencieux, même par leur mérite, examinons les œuvres que le jury a trouvées dignes de nos récompenses.

I

ODES A JASMIN

Nous avons reçu un petit nombre d'odes à Jasmin. Celle qui a obtenu le 1er prix a pour auteur M. le docteur Marignan, de Marsillargues (Hérault). L'œuvre de M. le docteur Marignan est écrite en une langue souple et harmonieuse, malheureusement gâtée çà et là par des expressions françaises occitanisées. Il n'est pas possible d'accorder droit de cité à des mots tels que *puple*, *sur*, *aussi*, qui sont simplement les mots français *peuple*, *sœur*, *aussi*, les deux premiers grossièrement *patoisés*, le dernier conservé sans modification, — ce qui, somme toute, est moins blâmable. Cette critique, beaucoup de nos manuscrits la méritent plus ou moins : il m'a semblé juste, ne voulant pas la répéter pour chacun, de l'adresser à un de nos plus brillants lauréats.

L'*Ode à Jasmin* de M. Auguste Advenier, instituteur à Saint-Jean-de-Cuculles (Hérault), qui a obtenu le 2e prix, a plutôt les allures d'un poème mi-didactique, mi-lyrique dont le rythme est celui de *Mirèio*. C'est surtout un récit abrégé de la vie de Jasmin, mais ce récit ne manque ni d'intérêt ni de grâce.

C'est encore un félibre de l'Hérault, M. Emile Barthe, de

Nissan, qui reçoit notre 3ᵉ prix. Son ode, — une ode véritable, — est pleine d'enthousiasme; mais l'auteur, qui est modeste, avoue que « les cimes du Parnasse sont trop hautes pour lui. » Nous lui disons : Courage ! Il est déjà beau de s'élever *à mi-côte*, pourvu qu'on ne suive pas le sentier de ceux qui ont atteint le sommet.

Enfin, une mention honorable est accordée à un anonyme qui emploie vigoureusement le parler de Villeneuve-sur-Lot.

II

POÉSIE LYRIQUE

M. Paul Bourgue, d'Avignon, nous a adressé une ode *A l'Espagno* à laquelle nous décernons le 1ᵉʳ prix. Cette pièce est écrite en bonne langue rhodanienne. Au moment où la noble Espagne est plongée dans le deuil de ses glorieuses défaites, nous sommes heureux qu'un de nos lauréats nous donne l'occasion, en citant ses vers, de dire à la grande vaincue :

> Noblo Espagno, salut ! salut à toun grand noum,
> Terro di vièi remembranço !
> A ta glori que creis, à toun anti renoum,
> A tis enfant, toun esperanço,
> A toun pople empura per lou fio de l'amour
> E per l'orguèi de la patrio !...

Dans *Aubré de Bilo e Paysa*, ode béarnaise écrite dans le dialecte de la vallée de Barétous, nous trouvons un éloquent et touchant parallèle entre la vie des villes et celle des champs. Cette pièce ayant été distinguée dans un autre concours, l'auteur, M. Henri Pellisson, d'Arette (Basses-Pyrénées), comprendra que nous nous associions simplement aux éloges de ses premiers juges. Nous aurons, du reste, l'occasion de parler de son talent à propos d'autres pièces.

C'est un anonyme qui obtient notre 3ᵉ prix. Sa pièce *Au Rey Henry* n'est pas lyrique, mais elle est charmante. Nous y cueillons une strophe digne de plaire au bon Gascon Georges d'Esparbès, auteur du beau livre épique *Le Roi*, où est si magnifiquement glorifiée la Patrie Gasconne :

> Rei Henry ! core nous quitès,
> L'Amou se neguet dins l'Auanço ;
> Dins ta moustacho t'empourtès
> Nosto riso à trauès la Franço.

J'oubliais de dire que l'auteur de ces vers, qui ne s'est pas fait connaître, nous a indiqué, du moins, sa résidence : il est de Casteljaloux. On ne saurait contester que ce poète est un vrai *Cadet de Gascogne* !

III

SONNETS

Aucun des sonnets que nous avons eu à examiner n'aurait satisfait le sévère législateur du Parnasse que fut le grand poète Théodore de Banville ; nous avons dû nous résigner à ne lire que des sonnets irréguliers.

Cette réserve faite, nous dirons que le *Centenari de Jansemin*, de M. Henri Pellisson, déjà nommé, est une pièce pleine de grâce. Nous lui décernons le 1ᵉʳ prix.

Dans l'envoi de M. Arthur Poydenot, au château de Prous, par Saint-Sever (Landes), nous avons distingué quatre sonnets : *Lou Sort, Myour, Las Barguères, Lou Péréqué*. M. Poydenot excelle à fixer dans un petit quatorzain un paysage, un trait de mœurs, un portrait rustique. Spirituel, narquois, sentimental, toujours simple et sobre, il fait songer parfois à Maurice Rollinat, mais à un Rollinat qui n'aurait pas lu Edgar Poë. Parmi les félibres d'Aquitaine, il est certainement un des plus originaux; il faut attendre de lui une œuvre remarquable dans un genre peu élevé, mais où il ne marche sur les traces de personne.

Le 3e prix est décerné à M. J. Martin, de Cournonterral (Hérault), pour un sonnet énergique de pensée et d'expression écrit en franche langue de Montpellier.

Une mention honorable est accordée à M. Pierre Chairou, notaire à St-Nicolas-de-la-Grave (Tarn-et-Garonne). Nous le félicitons particulièrement de sa langue bien terrienne où étincellent des vocables vigoureux et savoureux que d'autres remplacent trop souvent par leurs équivalents français horriblement patoisés.

Une mention honorable est également accordée à M. Joseph Gayssot, de Castanet (Haute-Garonne), pour son *Septen de Sounets*. Ce septain est plein de promesses; l'auteur, que nous supposons jeune, est déjà un bon disciple de Goudelin; dans quelques-uns de ses vers, s'indiquent la fraîcheur, la délicatesse et la joliesse pimpante du *Ramelet Moundi*.

IV

POÉSIE DE GENRE

Le grand nombre de pièces de valeur composant cette section nous a amenés à les classer en deux sous-sections. La deuxième comprend des morceaux qui se rapprochent plus ou moins de l'*épître*:

PREMIÈRE SOUS-SECTION

Dans la première sous-section, le 1er prix a été décerné à M. Louis Bonneau, de Marseille, pour *Rampèu campèstre*.

Cette pièce, peut-être un peu longue, est bien écrite et fort intéressante. L'auteur y fait l'éloge de la vie des champs, mise en opposition avec l'existence du paysan devenu citadin. C'est donc la deuxième pièce que nous avons sur ce sujet. Rien ne pouvait nous être plus agréable que de le voir traité par deux poètes qui ont su exprimer leurs sentiments élevés avec un talent également remarquable.

Le 2ᵉ prix échoit à M. Albert Mailhe, de Toulouse. *Rebiscolo* est un morceau tenant de l'odelette et de l'élégie qui, s'il ne contenait quelques mots français, serait un petit chef-d'œuvre.

> Cresi pla que nostre soulel,
> Darniè la niboul pallufèco
> Ben de rechampi soun calel
> E de n'mouca l'ancièno mèco.

Dites-moi si cela n'a pas l'air d'une strophe de Goudelin. Voulez-vous que je vous cite encore des vers gracieux, sonores et doux, de cette grâce, de cette sonorité et de cette douceur qui semblent être les marques les plus particulières du maître que je viens de nommer?

> Le cel alando la perpelho,
> E soun el blu, rescalfurat,
> . . . .
> Douçomentou se derrebelho.

Mais ces citations, qui font valoir la forme, ne donnent aucune idée du fond; c'est à l'audition de la pièce entière que vous pourrez, Mesdames et Messieurs, juger si les éloges que nous lui adressons sont mérités.

Ce n'est pas à M. Albert Lafosse, de Montauban, qu'on pourrait reprocher de ne pas connaître le vocabulaire rustique de son terroir. Certes, les héros de ses poèmes seraient dignes, si l'auteur voulait créer de tels héros, de dialoguer avec ceux du truculent *Mestre Verdiè*.

D'après lui, les « dames de la ville » qui dédaignent et méprisent le patois, en retrouvent vite l'usage dans une altercation avec leurs métayères :

> E las cal entendre : « Tougnasso !
> » Biel garrabiè ! pano-poulet,
> » Biasso-routo ! pioto ! goujasso !
> » Bales pas un quit aurioulet !
> » E la rendo d'iòus ? E las poulos ?
> » E lou regloment del cabal ?
> » E las peros ? E las mispoulos ?
> » B'as tout japat, biel carnabal ! »
> Ah ! bous proumeti que lour torno
> Lou goust de la Lengo del brès,
> E, milhou que l'bestial de corno,
> Saboun espinga des dous pès !

Mais notre poète n'aimerait pas à suivre longtemps sur ce terrain le fameux rimeur bordelais auquel il nous a fait songer, car il ajoute, dans des vers aussi suavement doux que les précédents sont sauvagement énergiques :

> Escuso-me, ma santo Lengo,
> De te fa brounzi d'aquel biais,
> Tu que ta pla metes en rengo
> Lous mots d'amour al dous pantais !

Des mentions honorables sont décernées à Mme Gélade, de Carbonne (Haute-Garonne) et à M. Léon Nadal, de Paris. La première nous a adressé une pièce aux vers bien frappés, en pure langue toulousaine, d'une remarquable saveur rustique, dont toute la partie descriptive est digne d'éloges; malheureusement, elle se termine par une conclusion lyrique qui nous a paru manquer d'ampleur : c'est un oiseau qui s'arrête brusquement après un premier coup d'aile, et nous avons cette cruauté d'exiger que l'oiseau s'élève à « la plus haute branche. » M. Léon Nadal habite Paris: c'est pourquoi nous l'excusons de nous donner l'orthographe plutôt que le vocabulaire de *Mirèio* dans une pièce qui a trop l'air d'avoir été écrite d'abord en français.

DEUXIÈME SOUS-SECTION

L'*épître* est un genre un peu délaissé. Nous en avons pourtant de charmantes dans notre littérature d'Oc : Pierre de Garros, Goudelin, d'Astros, Jasmin, —qu'il faut toujours citer, — nous en ont laissé des modèles achevés.

L'épître qui a obtenu notre 1er prix est l'œuvre d'un Agenais, M. le chanoine Lacoste. L'auteur l'adresse à un ami qui lui a demandé de célébrer la gloire de Jasmin. Il s'excuse d'abord, prétendant qu'il lui faudrait, avant cette entreprise, boire

> A-n-aquero houn qu'un poulin
> . . . .
> Hascout, y a tems, d'un cop de pè,
> Picha d'un roc qu'en haut s'ennairo
> E claro, e courrento, e cantairo.
> Praube Moussu, moun escloupè
> M'a caussat d'esclops sans gansolos,
> E podi pas courre au païs
> Oun las aigos s'escapon holos
> D'aquero houn de paradis...

C'est trop de modestie, car, en vérité, le poète de *Las Papillotos* n'a pas trouvé parmi nos lauréats d'admirateur plus sincère ni plus éloquent.

M. Valéry Billou, de Montclar-d'Agenais, obtient le 2e prix pour une pièce intitulée *Ma Bigno*, laquelle ne vaut certes pas celle de Jasmin. Cependant, elle contient de jolis vers et révèle chez son auteur un sentiment profond de la poésie des choses, qu'il a seulement le tort d'exprimer avec trop d'abondance. Le poète se complaît visiblement à énumérer jusque dans les moindres détails ses observations et ses impressions pendant les périodes successives de la vie de la vigne. Nous lui reprochons surtout des hors-d'œuvre qui alourdissent sa pièce, et aussi la solennité de ses vers, souvent bien frappés, toujours solidement plantés et coupés en deux par la plus implacable des césures, comparables enfin, — l'image se présente inévitablement à l'esprit — à des ceps bien alignés sur un coteau parfaitement labouré, épierré, ésherbé, couverts de pampres bien disciplinés et de superbes raisins suspendus à intervalles égaux. Bref, c'est le triomphe de la symétrie. Ce n'est pas là le beau désordre que Jasmin aimait, croyons-nous, dans sa vigne de *Papillote,* où les haies de clôture étaient ajourées de façon à pouvoir indulgemment livrer passage aux petits maraudeurs, dont la porte était fermée par *dios roumets,* où l'échevèlement des pampres escaladait les pêchers, les ormeaux et les « *naou guindoulès* ». Oh ! comme vous avez eu tort, mon cher lauréat, de traiter ce sujet après Jasmin ! N'importe, je suis heureux de saluer en vous un de ses bons disciples.

Nous avons accordé une mention honorable à M. Ernest Destrem, de Castanet (Haute-Garonne). Dans l'envoi, un peu mêlé, de ce lauréat, nous avons remarqué des faiblesses, — nous n'en parlerons pas, — mais de très réelles qualités qui s'affirmeront certainement dans de nouvelles œuvres. Ecoutez ces vers largement harmonieux, au charme mélancolique et tendre :

> Moun cor s'en es anat caps à las costos blousos
> Ount, tutejant le cel, se quilhon les pibouls.
> ....
> La mio peno a fugit coumo l'aigo cantairo
> D'uno fount que landrino à través camps musairo...

Nous avons également accordé une mention honorable à une jolie pièce de M. B. Pozzy, de Bergerac, intitulée *As Auzèlous.* L'auteur est le frère du regretté poète et philologue agenais Adrien Pozzy, un fidèle ami de Jasmin. Le poète nous dit :

Aro, sey bièl, endoulourit,
Lou fèt del ciel s'es escantit.

Nous affirmons qu'il est jeune par l'ardeur avec laquelle il aime notre belle langue d'Oc. Lorsque tant de jeunes d'aujourd'hui ont la prétendue sagesse qui consiste à ne se soucier que des côtés matériels de la vie, nous sommes heureux de constater qu'il y a encore des vieillards gardant au cœur la vraie sagesse, qui est l'amour de ces belles folies :

Lis esperanço
E li raive dòu jouvent
Dòu passat la remembranço
E la fe dins l'an que ven.

V

CHANSONS

Serait-il vrai que la chanson est en décadence ? Parmi les pièces qui ont concouru dans cette section, nous en avons distingué quatre. Nous avons décerné le 1er prix à M. Simin Palay, de Vic-Bigorre, et le 2e à M. Paul Bourgue, d'Avignon, qui a déjà obtenu le 1er prix dans une autre section. Une mention honorable a été accordée à M. Louis Rouquier, de Puisserguier (Hérault), et à M. François Brousse, de Montpellier.

Seul, M. Palay nous paraît avoir atteint le but que l'auteur d'une chanson doit naturellement viser avant tout : faire des vers propres à être mis en musique. Sa *Cansou*, écrite en béarnais de Pau, un de nos sous-dialectes les plus harmonieux, est délicieusement ironique et mélancolique à la fois.

VI

CONTES EN VERS

C'est du pays du maître conteur Louis Roumieux que nous vient la *galejado nimesenco* intitulée *Lou Preire vert*. Il y avait à Nîmes un prieur que le poète nous présente ainsi :

> S'apelavo Bernat, e liuen de l'Evangèli
> . . . .
> Sa pensado fugié proche un poulit mouroun,
> Uno cambeto fino, un boutelet redoun.
> Ero un fier galavard.

Sa pensée fuyait surtout vers les beaux yeux de Madelon, la jeune femme d'un teinturier, Maître France,

> ... uno dono
> Poulido que noun sai, mai tamben pas di bono :
> Ero un pau testo en l'èr, la jouino Madeloun,
> E savié pas toujour refusa li poutoun.
> Lou preire galavard aguènt talo vesino,
> De soun dous parauli secuté la mesquino,
> Que prengué de Bernat li mot argènt coumtant,
> L'escouté de boun cor, n'en fagué soun galant.

Un jour, ou plutôt une nuit, Maître France surprit les amoureux, et voici quelle fut sa vengeance, plus originale que tragique.

> De la porto à soun lié *Franço* fagué qu'un *bound*,
> Per la pèu dou coutet vous arrapé lou preire,
> E sounant si dous ome, Aguste émé Cristòu,
> Li cargué de sauça lou galant au peiròu.

Or, le chaudron était plein de teinture verte. C'est ainsi que les gais Nîmois eurent un *prieur vert*, chose presque aussi rare qu'un merle blanc.

Ce conte est écrit dans une langue spirituelle, sobre et alerte. J'ose dire qu'il pourrait être signé du nom de l'illustre auteur de la *Jarjaiado* : c'est un éloge qui justifie et au-delà l'attribution du 1er prix à son auteur, M. P.-H Bigot, d'Aix-en-Provence.

Le 2e prix a été décerné *ex-æquo* à M. Henri Pellisson, déjà plusieurs fois nommé, et à M. Gaston Lavergne, un Gascon transplanté en Algérie.

La pièce de M. Pellisson, *Noste Sent Ermite*, est une légende béarnaise écrite en beaux vers, à laquelle nous reprocherons seulement d'être un peu trop longuement contée. Mais M. Pellisson mérite surtout tous nos éloges par son amour profond du terroir béarnais ; ses légendes, son histoire, sa langue, ses traditions, tout cela il le défend et le glorifie en chercheur consciencieux et en vrai poète. Son récit est accompagné de notes historiques et linguistiques très intéressantes que nous nous bornons, à regret, à signaler, en souhaitant que ce travail soit livré au public méridional.

Bièl de la Bièlho, de M. Gaston Lavergne, est un petit récit au style vigoureux et plein d'entrain. L'auteur sait admirablement son parler agenais, et a le louable souci de l'épurer, autant que celui de ciseler savamment ses vers. solides et sonnants.

M. Antoni Berthier, de Beaucaire, obtient une mention honorable pour son conte de *Regaieto*, où il paraît s'être inspiré de la légende de Fleurette ; malheureusement son dénouement est bien moins poétique. Ce petit morceau renferme des vers gracieux, mais souvent des vers faibles et même irréguliers.

VII

CONTES EN PROSE

Un félibre Cettois qui désire garder l'anonymat a obtenu le 1er prix dans cette section pour un conte intitulé *Lous Chis au Paradis*. La race des bons conteurs d'Oc, dont Roumanille est l'incomparable maître, n'est pas morte : voici un disciple qui est digne de continuer la tradition des grands rieurs. Peut-être rappelle-t-il un peu plus Rabelais que Roumanille... Cette considération fait que je n'analyserai pas cette *galéjade* de haut goût, qui, d'ailleurs, perdrait trop à l'analyse.

Le 2e prix a été décerné à M. Maurice Joret, du Mas-d'Agenais. Sa *Legendo del Passaire* nous reporte à l'époque de la Révolution Le récit est intéressant, mais peut-être un peu diffus et chargé de descriptions qui sont, il est juste de l'ajouter, charmantes d'exactitude et de couleur locale.

Lou Pacan lura est un conte russe dont M. Louis Charasse, de Vaison (Vaucluse), nous donne une excellente imitation provençale. Il a obtenu le 3e prix.

Enfin, nous avons décerné une mention honorable à M Marcel Lignières, de Saint-Chinian (Hérault,) pour un conte où l'auteur nous montre un peu trop longuement les ravages de la jalousie. Il nous montre encore mieux qu'il connaît comme un franc terrien son parler du Minervois.

Voilà, Mesdames et Messieurs, ce que notre concours a produit de plus saillant. Par les noms des lauréats, vous avez pu constater que de tous les points du Midi des félibres ont répondu à notre appel. Ce bouquet de fleurs poétiques que leurs inspirations nous ont fourni n'est-il pas le plus touchant hommage que nous puissions déposer au pied de la statue de l'Ancêtre dont nous fêtons le glorieux centenaire ? Chacune de ces fleurs occitaniennes lui apporte mieux que les couronnes que lui offraient autrefois les villes enthousiasmées par ses chants : ce qu'elles lui apportent, c'est un peu de l'âme et de l'esprit de nos terroirs, toujours vivants malgré la centralisation niveleuse ; toujours vibrants de la chanson qui monte du sillon avec le bon grain et les saines pensées ; toujours attachés à la langue maternelle et patriale, glorifiée par Jasmin, glorifiée aujourd'hui par la phalange nombreuse des écrivains et des patriotes qui affirment, par leur foi ardente et par leurs œuvres, que, comme l'a dit le grand historien national dont, hier, nous célébrions aussi le centenaire : « Adopter une autre langue, penser dans une « langue étrangère, c'est changer d'âme, mourir à son pro- « pre génie. »

La lecture du rapport de M. Perbosc terminée, M. Ratier a proclamé les lauréats du concours poétique en Langue d'Oc.

LANGUE D'OC

Ode à Jasmin

1er *Prix*.... M. le docteur Marignan (Marsillargues, Hérault).
2. — M. Auguste Advenier (Saint-Jean de Cuculles, Hér').
3. — M. Emile Barthe (Nissan).

Poésie lyrique

1er *Prix*..... M. Paul Bourgue (Avignon).
2. — M. Henri Pellisson (Arette, Basses-Pyrénées).
3. — Anonyme (Casteljaloux, Lot-et-Garonne).

Sonnets

1er *Prix*.... M. Henri Pellisson.
2. — M. Arthur Poydenot.
3. — M. J. Martin (Cournonterral, Hérault).
Mention..... M. Pierre Chairou (Saint-Nicolas de la Grave).
— M. Joseph Gayssot (Castanet, Haute-Garonne).

Poésie de genre. — 1re section

1er *Prix*..... M. Louis Bonnaud (Marseille).
2.   — M. Albert Mailhe (Toulouse).
3.   — M. Albert Lafosse (La Gravière, près de Montauban).
Mention..... Mme Gélade (Carbonne, Haute-Garonne).
    — M. Léon Nadal (Paris).

Poésie de genre. — 2e section

1er *Prix*..... M. le chanoine Lacoste (Agen).
2.   — M. Valéry Billou (Monclar-d'Agenais).
Mentions. . M. Ernest Destrem (Castanet, Haute-Garonne).
    — M. Pozzy (Bergerac).

Chansons

1er *Prix*. . M. Simin Palay (Vic-Bigorre).
2.   — M. Paul Bourgue.
Mention... . M. Louis Rouquier (Puisserguier, Hérault).
    — M. François Brousse (Montpellier).

Contes en vers

1er *Prix*..... M. P. H. Bigot (Aix en Provence).
2.   — M. Henri Pellisson.
  ex-æquo M. Gaston Lavergne (Aïn-Témouchent, prov. d'Oran).
Mention. ... M. Antoni Berthier (Beaucaire).

Contes en prose

1er *Prix*..... M. Gustave Thérond (Cette).
2.   — M. Maurice Joret (Mas-d'Agenais).
3.   — M. Louis Charrasse (Vaison, Vaucluse).
Mention..... M. Marcel Lignières (Saint-Chinian, Hérault).

La troisième partie de la séance des Jeux-Floraux avait été réservée pour les lectures. M. de Tréverret, professeur de littérature étrangère à la faculté des lettres de Bordeaux, a pris le premier la parole. Il a fait entendre un éloge de Jasmin dont nos lecteurs apprécieront la sève vigoureuse et originale.

Messieurs,

C'est surtout comme délégué de l'Académie des Sciences, Belles-Lettres et Arts de Bordeaux que j'ai l'honneur de vous adresser la parole. Je rappellerai donc tout d'abord les liens qui unirent Jasmin à cette compagnie. Il en était déjà membre correspondant, lorsque, le 10 septembre 1835, il vint y faire entendre son premier récit pathétique, *l'Aveugle de Castel-Cullié*.

Séance à jamais mémorable et dont les journaux contemporains ont rendu compte avec de véritables transports. Le poète, non moins prudent qu'inspiré, commença nous assure-t-on, par expliquer plusieurs expressions agenaises, peu familières peut-être (il le craignait du moins) à un auditoire bordelais. Cette précaution prise, il raconta, et dès les premiers mots, dès les premiers traits descriptifs, on fut captivé. Pas un nuage ne s'interposa entre le narrateur et son public, pas une oreille ne fut inattentive, pas un cœur ne fut insensible ; pendant plus d'une heure toutes les âmes restèrent délicieusement soumises à son pouvoir. Quelques puristes, avant la séance, s'étaient méfiés de ce qu'ils nommaient un *patois*, jargon informe, pensaient-ils, capable tout au plus d'exprimer la gaieté du peuple ou de balbutier quelque galanterie rustique ; et voilà qu'au lieu d'un jargon, c'était une langue régulière et complète où l'on pouvait tout dire et tout nuancer.

Les grammairiens, étonnés de ce phénomène, y voyaient un problème à débattre et à résoudre, mais la majorité se laissait charmer, ravir, et tous bientôt cédèrent, sans chercher d'explication. Hommes de plume et gens du monde, esprits réfléchis ou spontanés, têtes raisonneuses ou cœurs simples, tous, entraînés par le même torrent d'émotion, reconnurent un maître de la lyre, qui, variant les rythmes et les images ne permettait à personne d'entendre et de voir que ce qu'il voulait dire et montrer. On ne l'admirait pas seulement on s'identifiait avec lui : la joie, la crainte, la douleur revenaient tour à tour et à son gré. Nul ne s'appartenait ; nul n'était plus maître de ses sourires, de ses frissons ou de ses larmes.

Souvent interrompu par les applaudissements, Jasmin, quand il eut achevé son récit, fut, nous disent les journaux, comme écrasé d'hommages. On se précipitait vers lui, on serrait ses mains, on s'honorait d'avoir pu seulement l'approcher ; savants et magistrats s'empressaient de féliciter cet homme sans étude, cet enfant du peuple, comme on l'appelait encore et comme il aimait lui-même à s'appeler ; on le déclarait, par le privilège de l'inspiration, égal ou supérieur aux plus nobles, aux plus puissants, et l'on remerciait l'Académie de Bordeaux d'avoir donné à l'élite de cette grande ville la joie de connaître et de saluer un génie.

Depuis ce jour, Jasmin fut célèbre dans tout le Midi ; quelques années après, il l'était dans toute la France : et si vous me permettez, Messieurs, de rappeler ici mes propres souvenirs, je vous dirai qu'étant élève à l'école Normale supérieure, de 1855 à 1858, je lisais avec attention les articles que Nodier et Sainte-Beuve lui avaient consacrés. Deux ou trois gascons, nos condisciples, vantaient Jasmin aux Parisiens comme moi, et nous faisaient parfois desirer de le comprendre. Justement on parlait d'ériger en lycée le collège d'Agen ; on l'érigea, et l'Ecole Normale y envoya quelques-uns de ses élèves, nés et instruits dans le Nord et dans l'Est de la France. Le 8 novembre 1858, M. Dutrey, Recteur, après avoir inauguré le Lycée nouveau, rassembla dans sa chambre, à l'hôtel Baron, tous les professeurs et Jasmin. Le poète nous dit, en français, d'abord, puis en gascon, trois pièces assez courtes, mais variées : *La Charité ; La semaine d'un fils* et *Ma Vigne*. Tout fut compris, et chargés, comme nous l'étions, d'enseigner le français aux enfants d'Agen, nous nous promîmes de le faire sans manquer de respect au gascon.

Je me souviens aussi qu'en sortant de cette soirée, nous nous disions entre nous : « Sainte-Beuve n'a pas tort de laisser entendre que Théocrite, Horace et Jasmin se ressemblent. Oui, c'est la même clarté, la même richesse discrète, le même soin des ensembles et des proportions. Un sentiment vif de la nature ; beaucoup d'imagination et de cœur, mais point de désordre, point d'écart; des traits heureux qui jaillissent sans effort avec un parfait à propos ; un art toujours présent qui exclut l'artifice et que le vulgaire ne soupçonnera jamais. »

Voilà, Messieurs, ce que nous pensions en quittant Jasmin; et plus nous l'avons connu, nous autres, gens d'étude, liseurs par métier, qui connaissions sans doute beaucoup plus de livres que lui, plus nous avons aimé son inspiration qu'aucun livre n'eût pu lui donner, et son goût que les fades lectures de son enfance [1] avait laissé si viril et si pur.

Ah ! c'était beau, les jeunes gens peuvent nous en croire. d'entendre Jasmin, dans sa vigne, à l'entrée du vallon de Vérone, répéter en gascon les vers tout virgiliens où il peignait *ces rocs vêtus de velours qui verdoient* ; beau de le voir, dans l'Académie d'Agen, où je fus un soir assis à côté de lui, nous apporter ses nouveaux souvenirs, animés par sa voix puissante, éclairés de son franc sourire ou mouillés des grosses larmes sincères qui tombaient de ses yeux.

C'était plaisant aussi et instructif de l'écouter dans sa petite maison, ou sur le Gravier, ou dans la rue esquisser, en brusques saillies tout un art poétique, « Assez de pralines, » Messieurs les rimeurs, disait-il, servez-nous plutôt des » amàndes fraîches. Et quand vous prétendez peindre la pas-

---

[1] *Estelle* et *Némorin*; les *Contes* de Duçrey Duménil.

» sion, concentrez mieux vos forces et vos traits ; épargnez
» nous les fusées, les pétards, tirez le coup de canon. Pas de
» pompe uniforme ; mettons plus de grandeur dans nos sen-
» timents que dans les mots : soyons simples comme lundi,
» mardi, et quand il le faut solennels comme Pâques. » Puis il
citait de ses propres œuvres, quelques exemples et alors aux
saillies qui avaient fait rire succédaient de nouveau les
beautés qui transportaient.

Un jour, hélas !... il y aura bientôt trente-quatre ans, sa
voix, sa présence nous manquèrent ; mais qu'il fait bon le
relire, aujourd'hui et goûter, comme il le goûta jadis, le
bonheur de vivre en Gascogne ; qu'il fait bon s'attendrir sur
les êtres humains dont il nous raconte les infortunes : Marguerite, Françouneto, Marthe la folle, Pascal, Abel, les deux
frères jumeaux ; âmes ardentes, mais aimables, simples et
pourtant profondes, martyrs de l'amour ou des affections de
famille. Dans sa poésie tout charme ou émeut, rien ne trou-
ble. Il est de son siècle par la pieuse hardiesse avec laquelle
il relève, enrichit, glorifie son idiome natal trop dédaigné ;
il est de son siècle par sa sympathie pour les humbles, par la
consécration de son génie à la charité ; par la noblesse mo-
rale dont il revêt les sentiments, le travail et la misère du
peuple ; mais les doutes et les négations, et les utopies de
ce siècle, il les ignore ; si on lui en parle, il les repousse ;
une fois même il les a maudits. Sa Muse ne se penche pas
sur l'abîme métaphysique ; elle ne gravit pas, haletante, les
cimes chargées de nuages et environnées de gouffres ; non,
elle marche avec grâce et en pleine lumière dans les champs,
dans les villes, jouissant de la nature, s'intéressant aux hommes et regardant souvent le ciel, où elle croit, où elle sait
qu'un Dieu habite. Pour elle les problèmes terribles n'exis-
tent point ; ceux d'outre-tombe la foi les a résolus ; ceux d'ici-
bas le seront un jour par la charité. Fort de cette double
confiance, le poète chante, joyeux quand la terre lui sourit,

triste quand il voit souffrir, jamais impatient ni désespéré.

Et ce calme moral qui subsiste au fond de tout, mais qui n'arrête pas les battements du cœur, assigne un rôle spécial à l'œuvre de Jasmin. Elle nous repose ou elle nous distrait des troubles présents ou des anxiétés sur l'avenir ; elle nous fait oublier un moment l'état des choses, les luttes actuelles et les questions pendantes ; elle ne nous rappelle même que d'un peu loin celles qui ont agité nos pères ; car il faut bien le dire, les plus belles compositions de cet homme puisent leur intérêt dans des sentiments où la politique, la controverse, les conflits d'idées n'ont point de part. Que ceux qui sont las des querelles viennent à lui ; qu'ils compatissent aux chagrins d'amour, aux peines domestiques, si tristement pareils en tout lieu et en tout temps ; mais qu'ils s'égaient aussi à sa belle humeur ; qu'ils s'enivrent de son harmonie, qu'ils goûtent comme lui toutes les joies honnêtes et, sans renoncer à rendre la vie meilleure, qu'ils ne commencent pas par la déclarer toute mauvaise et toute à refaire.

Nous qui avons vu jadis vivre Jasmin, nous l'avons aimé, et cette fête, qui est la sienne, nous réjouit profondément. Pour moi, j'ai depuis longtemps le plaisir de savoir combien sa renommée est grande et à quelle distance elle s'est étendue. Professeur de littérature étrangère, j'ai lu dans plusieurs langues des notices sur Jasmin. Les Espagnols et les Portugais le comprennent sans peine ; les Italiens retrouvent dans le gascon l'empreinte latine et plusieurs italianismes ; Jasmin immortel et Mistral encore vivant sont adoptés par tout le midi de l'Europe. Et, d'autres peuples, pour des raisons diverses, rendent également hommage à Jasmin. Les Roumains, les Hongrois, les Tchèques, les Polonais, les Grecs, qui relèvent ou défendent leurs idiomes nationaux, le regardent comme ayant accompli une tâche analogue à la leur. Les Allemands, les Russes, les Scandinaves ont senti son charme exotique et tenté çà et là des traductions partielles. Enfin l'américain Longfellow, grand poète lui-même, a mis l'*Aveugle de Castel-Cullié* en beaux vers anglais ; chantre d'Evangéline, à travers l'océan il a tendu la main au chantre de Marguerite. Le nom et l'œuvre de Jasmin remplissent les deux Mondes. Donc, jeunes et vieux, Provençaux et Gascons, Français et Etrangers, saluons tous cette gloire qui, sur la face du globe, n'a point de limites et que le temps ne flétrira jamais. Honneur dans dans tous les pays et dans tous les âges à notre bien-aimé Jasmin !

Prononcé avec cette chaleur et cet art de bien dire qui font du savant professeur à l'université de Bordeaux un lecteur incomparable, ce discours a soulevé les applaudissements unanimes de l'assemblée.

Les applaudissements duraient encore, lorsque Mme Réquier s'est levée pour réciter deux pièces de vers empruntées au riche écrin de ses poésies.

N'ÈM PAS D'ACI !

N'èm pas d'aci ! Si marmuro ra briso,
   En tout que puno e friso
   Ero mousseto griso
   Qui tapisso ed arroc ;
N'èm pas d'aci ! Si dits ero rigolo,
   A soun aygo qui colo
   Atau coumo uo holo
   A trabès flous e broc.

N'èm pas d'aci ! Si penso r'abelheto
   Penden que ra houèlheto
   S'esfano e cay tout dous ;

N'èm pas d'aci ! Si crido ra campano,
  Quand ero mour nous pano
  Eds bièlhs eds maynadous.

N'èm pas d'aci ! Si penso ed palmouniste
  Quand ed autouno triste
  Lou suspren à toussi ;
N'èm pas d'aci ! Si disen eds pouètos,
  Enos oros enquiètos....
  Amics, n'èm pas d'aci !

N'èm pas d'aci ! Si canto ra couloumbo,
  Quand, at près d'uo toumbo,
  De tristesso es desbroumbo
  Soun nit e sas amours ;
N'èm pas d'aci ! Si penso ed parpagnolo,
  Quand soun aleto holo
  S'arreposo en ed solo
  Qui plouro sus eds mours.

N'èm pas d'aci ! Tout ad probo là-horo,
  Tout ad canto dehoro,
  Tout ad marmuro en nous ;
N'èm pas d'aci ! Qu'éy ra bertat-eslouro
  Qui hè qu'ed ome plouro
  E souspiro à genous.

N'èm pas d'aci ! Moun àmo de cantayre,
  Elas ! sense efort gayre,
  U cop ad coumprenou,
E desempuch, ta horto éy moun aydio
  Que pensi cado dio :
  Nou soy pas d'aci.... Nou !

E desempuch, quand ed mounde m'embito
  At disna de ra Bito,
  Qu'arrespouni : « Merci....
Coumo ed ausèt qui sus nous autis passo,
  Que trabèssi r'espaço,
  Mès nou soy pas d'aci..., »

E desempuch, quand ero Yelou humo
  E que sa negro brumo
  Tretousomen arrumo
  Ed mié cerbèt glaçat
Pourmou d'ed Diu qui-m gayto e qui m'escouto,
  Sense m'empourta gouto
  You seguechi ma routo
  Coumo u stranyè pressat.

ED NIT

Dus auserous l'abèn penut
Sus uo branco hau plaçado.
— Qu'èro ed ibèr... En ed bos nut
Bouhabo uo biso glaçado.

At tour d'ed nit houlat d'espouèr
S'entenèn cansounetos francos.
— Que hasè negre... Ed ben d'ibèr
Hasè carcaneya ras brancos.

Eds auserous at plagn d'ed ben
Mesclabon louo bouèts esquiso.
— Que cesilhouabo pla souben
E pla hort bramabo ra briso.

. . . .
Ed lendouma, sus ed sendè
Decembre abè néu estenudo...
— Qu'èro debengut ed nidè
Pousat eno branqueto nudo...?

Ed bentas l'abè destacat,
A drinous, de ra hauto branco...
— Praube nit ! Qu'èro esparricat
Sus ero néu heredo e blanco...

. . . .
Eds auserous plourèn loungtems
Ed loué nit hèt de sounyes roses,

> — Per eds, ed aymable printems
> En bègn hasou flouri ras rosos.

> . . . . ,
> . . . . ,. . . . .

> Souben, trop hardit auserou,
> Sense pòu ni crento de r'oro,
> Ed cò bastech soun niderou
> Atau madech, en horo, en horo ;

> E, penden que soun espouèr dous
> Y cugnero u belum de sounyes,
> Ed bent l'ad destaco tout dous
> De ra branqueto d'eds mensounyes.

> Elas ! e puch. . . u lendouma
> Ed cò plouro soun nit de sedo,
> Soun nit cayut sus uo ma,
> Sus uo ma blanco e heredo.

> . . . .

De prime abord, l'attention a été éveillée par le rythme et l'harmonie de ces strophes, et il faut bien le dire, — le dialecte de la Bigorre différant sensiblement du nôtre, — un peu surprise par l'étrangeté de leur accent. Mais, en dépit de cette différence, la douceur et la magie de ces vers, le sentiment d'intense mélancolie qui les pénètre, le charme que l'auteur a mis à les dire, ont promptement conquis à Mme Réquier l'intelligence et l'admiration de l'auditoire. Tant de poésie unie à tant de bonne grâce méritait assurément l'ovation qui a été faite à la reine des Félibres.

A Mme Réquier a succédé M. Estieu, félibre languedocien qui s'est fait connaître par un beau volume de vers intitulé : *Le Terradou.* M. Estieu a donné lecture d'une *Ode à la France,* fragment détaché d'un ouvrage en cours de préparation.

A LA FRANSA

Patria¹, o terra des Galeses,
Que Romans, Francs, Maures, Angleses
An trepejada tant sobent,
A tu las rimas las melhoras
D'un que sofrits quand t'endoloras,
E dònt los uelhs rajan quand ploras,
O Fransa, reina del Ponent !

S'ami belcop ma terra-maire,
Se del Lengadoc som amaire,
O Fransa ! t'ami 'ncara mais !
Vai ! que qu'arribe tard o d'ora,
Malgrat ta lenga envazidora,
Que tinda pas sus ma mandora,
Te renegarai pas jamais !

Se lo German à cara autiera
Se mostra un jorn à ta frontiera,
A ta frontiera ieu serai !
E, se reven la Maluransa,
Mos dos filhs, ma sola esperansa,
Per t'aparar l'onor, o Fransa !
Sens regret te los donarai !

Sabi que se l'Occitania
Fosquet antan à l'agonia,
As renegat los gorrimands
Venguds des ibersencs rivatges
Per far aissi d'orres ravatges
E que dins l'ost d'aquels salvatges
I abia tabe mants Alemands !

Mas, se vos pas d'aquela gloria,
E, se maldisses la memoria
D'aquelis qu'an seguit Montfort,

---

¹ Dialecte du Lauragais. (Orthographe des Troubadours).

Acaba d'esser generosa,
E que ta lei, trop rigorosa
P'r aquela terra malurosa,
N'i sia leu plus la del plus fort !

Es que i a quicom de plus orre
Qu'encadenar la sieuna sorre ?
O Fransa ! planh la Terra d'Oc !
Per pla nosar son amigatge,
De ton amor dona-li'n gatge
Fai reflorir lo sieu lengatge
De Nissa dusquas al Medoc !

Quar gar'aqui lo grand afaire :
Diran que l'Nord es triomfaire,
Los sieus felibres venjadors,
Tant que, se brembant la Crozada,
Elis veiran martirisada
E de las escolas cassada
La lenga des grands Trobadors !

Oc sabes pla : — vana es la guerra ;
D'un païs on n'a que la terra,
S'aquel païs es conquistad
Ambe lo foc. ambe la lama ;
E cal, per li conquistar l'ama,
Cal li donar, quand la reclama,
La sieuna part de libertat !

Tots los regrelhs des Albigeses
Volon, o Fransa, esser Franceses ;
Volon tabe lor part de dret ;
P'r elis, l'afront, i a pro que dura ;
Volon — e la causa es madura —
Qu'à l'escola lor parladura
Sia lor revenja de Muret !

Fransa cara, o granda Patria,
Se comprenias com lor atria
De vezer aquel lendeman !
E lo veiran e seran libres

Quand lors enfants auran de libres
Faits com aquels de lors Felibres,
Ont l'Olh à l'Oc toca la man !

Débité avec une verve toute méridionale et malgré qu'il y eût peut-être dans la salle quelque partisan de Simon de Montfort, ce morceau d'une mâle inspiration et d'une superbe envolée, a obtenu sans peine les suffrages que suscitent toujours de beaux sentiments traduits par de beaux vers.

M. Estieu a terminé sa communication par le sonnet suivant, en l'honneur de Jasmin, également digne de toute approbation.

A JASMIN

Grand ancessor, fier Aquitan, o Jansemin,
Salùdi 'n tu lo bel regrelh d'aquela Rassa
Tant esprobada antan dins una fera aurassa
E que, gracias à tu, retrobet son camin.

Mais que subre l'aram e que sul pergamin,
De ton nom glorios dins nostris cors i a trassa,
E, del larg orizon que ton viston abrassa,
Sempre ausiras montar un lausenjant fremin.

Agrumelads altorn de tu, tos remiraires
Son atabe del Verbe d'Oc los aparaires,
Dempuei qu'as mes l'Estela à lor cel tant escur.

E me plais, soc potent qu'as fait espes ramatge,
De venir dins Agen te portar l'umble omatge
D'un novel Trobador que canta à Mont-Segur !

C'est encore le souvenir de Jasmin qui a inspiré l'ode qui suit, communiquée par M. Adrien Planté, président de la Société Académique de Pau et de l'Ecole de Gaston Phebus.

I

Qu'èri tout chin !... Moun pay alabetz qu'em digou :
« Douma qu'ou bedèras, per noustes arribères
    Que bièn, dap sas cantes tan bères,
    U gran pouète incantadou...

« Escout'eù plaa ! Loungtemps que cau que t'en soubienguis :
— L'auzet qui gourgoureye ey gran amic dou ceù —
    Moun rey-petit, biengues d'oun bienguis,
    U die canteras dilheù ! »

E dens moun bielh Ortez, Jansemi lou cantayre,
Amic de Navarrot, counfray de Despourrii,
    Entra, glorïous musicayre,
    Dap sa guitare è soun refrii.

Sus sous youlhs apitat, tout u ser, que sauteyi,
Maynadot ahamiat d'arritz è dè cansous,
    Dap lou pouète que houleyi...
    Eyt, que-m minyabe de poutous...

Mès, oun s'en soun anatz poutous, cantes, ramatye,
Arrisouletz gauyous ?... Lou chin qu'ey badut bielh,
    Chetz s'habé desbrumbat en biatye
    Ta boutz ta clare, toun beth oelh !...

O Jansemi, ta boutz qui-s disè la tèndresse
Toun oelh qui hi ploura lous qui n'haurèn plourat.
    Cantayre aymat de la joenesse,
    Pouète de la Caritat !...

De proche coum de loenh cadu que t'apèrabe,
Dou mieidie entio nord qu'es estat arcoelhut ;
    E dens Paris qui s'anuyabe
    Tau diberti que t'han boulut...

II

Mès, a tu, que-t hasé lou gran cabau dou riche ?
Mey riche qu'ères tu dap toun petit estat
    Qu'aquère soucietat empipautide e chiche
    Qui nou counex ni patz ni libertat.

N'has pas boulut decha tou pienti è ta guitare,
La cansou clareyante è l'arrit gayhasent. .
    B'at sabès plaa ! Soubent, qui boü puya, debare,
    Qu'has mey aymat lou bounhur chetz argent.

III

    Lou bounhur au larè de case !
    D'aquet bounhur lou coo s'arrase,
    Que s'y goarrex tout gouey, tout mau...
    B'has plaa heyt !.., Ta cante esbèride
    De mey en mey s'ey esclaride
    A l'auyou de toun bielh oustau...

    Qu'habès au coo la pouèsie
    Au cap la dibine houlie
    De tan de laurès amassatz
    Sous bords de la toue Garoune,
    Au mièy de la fière couroune
    D'amics balentz, de rays aymatz.

    Sus la branque oun la may s'anide
    Toute la couade s'ahide
    Aus dous arrays dou catserou...
    Ataü, sus la terre mayrane,
    Fideu coum lou pin à la lane,
    Qu'es damourat Puple è Gascou !...

    Hoey, meste, heyte la berounhe,
    Dens toute ta care Gascounhe
    Que hesteyam toun soubeni...
    Qu'has heyt nouste la toue glori
    E lous reclams de nouste histori
Goeyten toun noum. .... Salut à Jansemi.

La pièce de vers de M. Planté a été accueillie avec la même faveur que les précédentes.

Enfin la séance a été clôturée par la lecture de neuf sonnets, composés en l'honneur de Puymirol, sa ville natale, par le secrétaire de *l'Escolo de Jansemin*, M. Dordé de Bailharguet, notre confrère, dont ce titre, à notre grand regret, nous interdit de faire l'éloge.

.*.

Qu t'aimèt coumo iou, ma viloto natalo
Ount èi tant courregut lou mendre carrèrot ?
Camps ount èi fourguignat è la sego è lou brot,
Voulastejant pertout ount voulastejo uno alo,

Ausèlou, parpalhol, doumaisèlo ou cigalo !
Noun es cèrto entecat moun amou d'efantot ;
De tourna lèu al brès que deu èsse moun clot,
Anèit mai que jamai me balho la fringalo.

Tabe coumo poudrioi t'oublida ? Tas parets
Enclauson sul mèd-journ, demèd tous oustalets,
Un oustalet qu'al bord d'un casal se soulelho,

Ount vau, amb dus aimats escambia de poutous !
O gardo me lous pla ! Casso lou journ crumous
Ount me caldra belèu ous barra la perpelho !

.*.

Grand Castel ! Ennartat coumo l'èclo sul roc,
N'as tu vistes d'issams d'Angleses dins ta coumbo
Se crousant un abrig ! Ne faguèros la toumbo
Ount dromon... se poudion droumi dins Tèrro d'oc,

Osses d'Angles ! L'araire amalit fai un joc
D'ana lous revira foro la catacoumbo ;
S'i tornon per l'iber ambe lou gra qu'i toumbo,
Quand torno lou bèl temp, tornon bruca lou soc !

Lous blads soun mai venents, lous prunès mai flourisson :
E de fruch, à l'estiu, lous albres se claufisson :
L'estragn nou deu res mai al nostre tèrradou ;

Li a daissat prou de sang ! Aco's atal que pago
Lou qu'ensajo, o Païs, de te durbi 'no plago :
N'es que dambe la sang que croumpo lou perdou !

5

.·.

Lous sècles an passat sus ta paret crumouso
E pla fèit redoula de pèiros de las tous;
Mai d'uno d'èsse nauto a l'aire vèrgounjouso,
E pel mèd del cami ne cai à brigalhous.

Lou Temp ne vai atal. El de la cimo blouso
Davalo cado journ dins lou cami fangous,
E la pòu d'èsse grand escarro las nautous...
O sècle, taimi pièl; n'as cap d'amo fièrouso !

Tu, nou t'aimi que mai atal vièlh, o Castel
Ount l'aire es sanitous è lou parla tant bèl
Coumo un miralh, ount fau esplendi ma pensado !

Dises lassus que l'ome, estèsso coumo tu
Vièlh è desmarmalhat, se l'amo es ennartado,
Demoro toutjourn grand sul roc de la Vèrtut !

.·.

Desoundrado pel Temp, la cinto espetaclouso
De parets è de tous que te balhèt Ramound,
Porto mai d'un esquis è forso trauc pregound
Que n'aurio pièl droumit lou comte de Toulouso

O ma vièlho ciutat, nou ne sios vergounjouso !
L'esquis ni mai lou trauc nou perturben ta soum,
Daisso lou Temp pus fort que l'canou d'Albioun
S'afana d'esquissa toun istorio glourious o !

Atal un chibalhè pouscous è susarenc,
Lou ser, torno al couffin, de la sang tout goutent,
Quand a vist l'enemic mort ou tirant à fujos ;

L'escudèr li a doustat armos, escut è gant.
Aro drom en soumiant que fai encaro à luchos :
D'aro-n-la n'a prou fèit per tout-journ èsse grand !

.·.

Praco lou Temp a bèl rousega toun istorio ;
La legissi tout-journ à toun frountal antic
Ount tout cop que voulguèt entamena ta glorio,
L'engravèt en trucan, l'engin de l'enemic.

Al Sècle doublidous de lour grando memorio
Tu parlos des Ancians, è del lentan magic
Cridos que n'a fèit res lou Present que s'englorio,
Res envès la grandou del Passat erouic !

Ja, pecaire ! Es trop lèn ta paubro vouts que cèrco
A secouti la soum d'aquesto Ouro entenèrco ;
Lou tindal de l'argent l'endrom al coffre-fort !

Jou t'augi, Grand-Castel ! Tas parets degrupidos
Parlon al meu co damb lour crebassos sarcidos
De flous, de figuès fols è de miugranos d'or !

.·.

L'ibèr, quand lou soulelh dins la volto azulado
Aura fèit la mitad de soun cami redound,
Anirèi passeja la sento de la fount
Ount lou guit s'es bagnat è pren la soulelhado :

Al roc parat del vent, ia 'no croso abrigado
Ount en fan lou luzèr, trobo pas l'ibèr loung
Mai d'un Pemiroulés que n'a qu'aquel saloun :
N'i fan de papoutage ; es uno debadado !

Jou tabé i anirèi : à la calou del rai,
S'aluco la counvèrso è de bèu è d'arai
Qu'al ser petrilhara del puntet de ma plumo ;

Del parla des Ancians i troubarèi l'engin.
O Parla d'oc ! L'ibèr nous capèle de brumo ;
Amb tu fara tout-journ soulelh à moun couffin !

.*.

Talèu qu'espelira la primo pimparèlo,
Quouro, per acampar lou bèu è l'agnelet,
Lou pastou vai al prat jugne la pastourèlo,
Jou mancarèi d'alé, barrat dins l'oustalet ;

E viste davàlant cap-bat la citadèlo
Pel cami mai flourit me n'anirèi soulet
Enta l'riu escouta ço que dis Filoumèlo
Al marmul de la Seuno, al plang del vent foulet.

E l'ouro passara ; l'ouro que tant s'afano
Sul cami de la Pats è lèn de la marrano,
Al prat ou dins lou bosc ount bresilho l'ausèl !

L'ouro qu'emporto tout ! — Nou, Poèto, és amigo ;
Te daissara'n passant lou bounur que te trigo ;
De flous mai que de nèu, courounara toun pièl !

.*.

L'estiu, me virarèi al cami de la Rauso
Ount fresquet mai-que-mai bufo lou vent de nort ;
A l'abrig del soulelh sabi 'no plaço d'or.
Sus la mousso del roc ount farèi bèlo pauso.

Muso, aqui dambe tu cantarèi uno lauso
A l'ounou del Païs ; me sentirèi prou fort,
Se tu vols m'aduja, per desfisa lou Sort....
Que vengo me cerca sus aquel roc, se gauso !

Aval, veirèi la faus s'alucant al soulelh
Fa dins lou loung regat capussa lou cabelh,
Al sou del cigalum zounzounant sègo-sègo ;

E me dirèi : tu sès l'estivaire ou lou blad :
Estivaire, semeno ; auras blad dins ta règo !
Blad, grano toun cabelh al soulelh de Vèrtat

.·.

E cargado de fruch arribara l'autouno :
Es fèsto pel campas ; manco res a l'ausèl ;
Lou bournat es coumoul è l'abelho marmouno
Que nou sap ount vira per descarga soun mèl ;

E de rasis la vit arrasàrà la touno :
La cubo coufouludo escarro Grand-Castèl,
E la vèspo pel moust embeudado fissouno
Lous bèus foro d'alé que bramon lou proudèl !

E iou lassus mastat enta la citadèlo,
De ma guitarro fau brounzi la cantarèlo...
O moun brès ! O moun clot ! Per tu que tinde naut !

Aqui vengo l'ibèr neva sus ma pièluro ;
Sara la sasou : fruch que l'autouno amaduro,
De l'albre dins toun se toumbarèi à prepau !

Les intermèdes de la séance avaient été heureusement remplis par Mlle Rayssac. La jeune artiste avait bien voulu prêter aux organisateurs des Jeux Floraux l'aide et l'attrait de son talent musical. D'une voix pure et pénétrante, avec une intelligence parfaite des paroles, une prononciation irréprochable, elle a successivement chanté les romances les plus populaires de Jasmin : *Me cal mouri, Faribolo pastouro, La sourcièro et moun filhol* et les *Stances à Mioun,* de M. Ratier. L'aimable et vaillante chanteuse a remporté un succès complet. Elle a d'ailleurs été admirablement secondée par M. William Sarramiac et par M. Bournel, de Monflanquin — auteur des airs nouveaux adaptés aux paroles de *Faribolo pastouro* et de la *Sourcièro* — qui l'ont accompagnée sur le piano. Aux applaudissements qui ont été prodigués par le public à ces trois artistes, nous sommes heureux de joindre les remerciements sincères de la Société.

APPENDICE

STANCES A UN AMI

Salut et bon espoir ! Ah ! je voudrais vous suivre
Sur ces sommets sacrés, plus rapprochés de Dieu,
Et, plein de leurs clartés dont le rêveur s'enivre,
Je voudrais avec vous aux cités dire adieu.

J'irais, je saluerais les sapins centenaires ;
J'aimerais à fouler ces sentiers incertains,
Réveillant avec vous, formes imaginaires,
Nos souvenirs dormants et nos rêves lointains.

J'irais et je boirais aux sources toujours pures
L'oubli des noirs pensers qui nous troublent parfois ;
J'irais me consolant sous les voûtes obscures
Des douleurs de la vie à l'ombre des grands bois.

J'écouterais chanter en moi la voix sonore
Des jours évanouis, des jours adolescents,
Avec les chants émus, s'éveillant à l'aurore,
Des oiseaux, du feuillage au matin renaissants.

Je me dirais : ô Dieu ! nature toujours belle !
Vous ne connaissez point nos ans d'aridité ;
J'irais leur demander une force nouvelle
Pour lutter dans la vie avec virilité.

Je reviendrais plus grand des spectacles sublimes
Où nous rappelle Dieu, lorsque nous chancelons,
Et je rapporterais des désirs magnanimes
De ces divins sommets, de ces calmes vallons.

Mais sans moi vous irez aux Vosges solennelles,
Réveillant le passé doucement endormi ;
Elles vous salûront, douces et fraternelles,
Reconnaissant la voix de leur poète ami.

Que le Seigneur vous guide en ces hauteurs si belles,
Avec votre famille, ineffable trésor,
Et que votre Ange aussi, sous l'ombre de ses ailes,
Vous conduise et vous garde avec son glaive d'or !

Que l'Ange de la France enfin vous accompagne
Dans ces lieux où tombaient nos soldats valeureux,
Héroïques acteurs de la sombre campagne
Qui vit avec nos pleurs leur trépas généreux !

Qu'il les bénisse encor, jetant des palmes saintes
Sur leurs fronts reposant sous les funèbres fleurs !
Que de leurs monuments, tombes de lauriers ceintes,
Il leur suscite un jour de sublimes vengeurs !

DEVILLAINE.

A MES FLEURS

Avec les papillons, vos brillants amoureux,
Coquettes, vous *flirtez* dès l'aube, à peine écloses,
Et vous dissimulez un dard bien dangeureux
Sous le velours soyeux de vos pétales roses.

D'autres fois partageant nos instincts généreux,
Notre soif d'embrasser les plus sublimes causes,
Vous donnez votre vie aux soins des malheureux,
O sœurs de charité, sous vos cornettes closes.

Et toi, craintive fleur, sensitive qu'émeut
Une caresse, un souffle, une ombre qui se meut,
En des crises de nerfs sans cesse tu te pâmes.

Qu'ils sont menteurs hélas ! ces galants madrigaux
Qui veulent nous prouver que nos sorts sont égaux.
Nous sommes bien moins fleurs que les fleurs ne sont femmes.

Claire DE BLANDINIÈRES.

ODA A JANSEMIN

Gloria à toun fil, Agen, gloria à tus ! Tout s'esfaça,
Mais soun noum, couma lei de Viergile e d'Oraça;
Mais lou tiu, couma lei de Mantou, de Tibur,
Noun s'esfaçaran pas. Toujour dins la memòria
Dei puple, sèmpre mai, resplendira ta glòria ;
   Agen sies de Mantou la sur.

E toutei venèn ioi, toutei de Catalougna,
De Prouvènça, de Lengadò, de Limousin,
   Vers lou troubaire de Gascougna,
Vers lou brounze à jamai sacra de Jansemin.

Piousamen venèn pourta nosteis oumage ;
Venèn l'ama enaurada, e lou cor esmougu,
Te rendre, o Jansemin, l'ounou que t'es degu.
Piousamen aussi, dins lou courrent deis age,
Leis ome, longamai, couma en pelerinage
Vers toun brounze vendran se clina de segu.

As remounta lei cor, as revieuda leis ama ;
As aussi revieuda nosta segounda *may.*
L'as facha imperissabla e granda que noun sai,
Ias douna l'esplandour, l'eisaltacioun, la flama.

Sus lou Miejour, lei Franc aloubati dau nord
Avien descadena la guerra e seis auvari ;
E dins lou gantelet de Simoun de Mont-fort
Escrasa, tout murtri, lou Miejour semblè mort,
E l'oumbra l'atapè grèva couma un susàri.

  Soula escapada au chapladis,
   Beluga à mita damoussada,
Soula, encara, viviè la lenga dau païs.
Gloria à tu Jansemin, que l'as reviscoulada !
Gloria à tus, ias douna lou vanc e lou trelus;
E la paura beluga es ara un fio de joia
Qu'ilumina, ben lion, nosta terra galoia,
   E que noun s'amoussara plus.

E ve, couma pertout a greia la semença !
Couma lei blad soun beu, couma drud soun lei grel,
E couma la meissoun s'amadura au sourel
De l'Oucean gascoun à la mar de Prouvènça !

Oi, s'entendra longtèms, sus nostei cola en flour,
La cansoun qu'amaisè lou som de nosta enfança
E sèmpre, Jansemin, diren dins lou Miejour
Teis inne esbléugissènt, tei cant de benurança.

    Lei Franchimand, ara, aurien bèu,
    Voudre boufa sus lou flambèu
    De la lenga ressuscitada ;
    Toutei respoundrian au rampèu,
    Toutei courririan au drapèu,
    Countra una nouvella crousada !

    Oi, Franchimand, lou defèndren,
    L'eiritage de nostei paire !
E se nous encalas, ei roda butaren ;
E se, per apara la lenga dau terraire,
    Toutei devèn ie faire,
    Toutei nous ie metren !

Aqui perqué venèn, toutei de Catalougna,
De Prouvènça, de Lengadò, de Limousin
    Vers lou troubaire de Gascougna,
Vers lou brounze à jamai sacra de Jansemin !

Dr MARIGNAN.

A L'ESPAGNO

Noblo Espagno, salut ! Salut à toun grand noum,
    Terro di vièi remenbrança !
A ta glòri que crèis, à toun anti renoum,
    A tis enfant, toun esperança,
A toun pople empura per lou fiò de l'amour
    E per l'ourguèi de la patrio,
A toun Rèi jouine e bèu, salut ! Salut toujour,
    Terro pleno de meraviho.

Touti t'amon ; fas gau, Espagno, en te vesènt
    Emé ta bello e bruno fàci ;
Dou mens es lou soulèu dins li poutoun ardènt
    Que te fai à travès l'espàci,
Enfioucant toun sang viéu, que t'a daura la car ;
    Ansin dauro e maduro
Li blad e li fru d'òr sus toun terraire larg,
    Lio benesi per la naturo.

Dins toun cor que tresano au noum de ço qu'es bèu
    l'a la marco di gràndi raço.
L'aubanèu di latin, lou Creissènt, fier Simbèu,
    En tu lèissèron uno traço ;
l'a d'aquéu sang rouman, i'a de sang sarrasin
    Que dins toun cor boumbejo.
Vaqui perqué ti fiéu dins lou sang cremesin
    Luchon l'infame que mestrejo

Toun det saup pessuga li fiéu armounious
    De l'arpo vo bèn de la liro,
E sèmpre cantaran ti pouèto famous,
    Eli que ta belour ispiro ;
Mai toun bras saup tanbèn maneja sènso esfrai
    Aquelo espaso venjarello,
Espaso que la glòri entouro de si rai
    Quand per lucha se desfourello.

Ti fiéu sabon ausi lou son rau di cleiroun
    Au mié dou brut di guerrejaire ;
Veson dedins tis iue, per un moumen feroun,
    La flamo que jito d'esclaire.
E pamens dins la pas tis iue negre soun dous
    E plen d'amour coume toun amo,
E ta bouco nous mando un sourire amistous
    Coume l'amigo que nous amo.

O Sorre, dou passa gardo lou souveni !
    Ensouvèn-te que de la Franço
— O Sorre as oublida li tèms achavani...
    Sèmpre te venguè l'amistanço.

Autrifes ti segnour émé nòsti segnour,
    Turtant lou got coume de fraire,
Tantost èron, galant, ensèn i cour d'amour,
    Tantost ensèn bon guerrejaire.

E vautri, Catalan, fraire di Prouvençau,
    N'avès plus aro à Barcilouno
De comte per regna sus li bon miejournau ;
    Mais nosti dos nacioun bessouno
E nosti cor toujour, anas, saran uni.
    Dou passa garden souvenènço
E rèn separara dins l'escur aveni
    La Catalougno e la Prouvènço.

Vaqui perque t'amen, coumo t'amo l'enfant
    Que recates sus toun terraire,
E perque dins mi vers iéu te fau aqueu cant,
    Iéu, prouvençau fiéu di troubaire.
Espagno, sono dounc lou biéu dis autri tèms,
    E veiras nosto antico raço,
Se reviéudant d'un cop, espetaclous printéms,
    Coucha mé nautri lis aurasso.

Paul BOURGUE.

AU REY HENRY

Rey Henry, tu que tant aimàus
Cassa per les lannes d'Alloun,
Serés esbarrit se tournàus…
Tan d'aigue a passat au Cyroun !

Au loc d'entendo la cigalo
Que brouïuo cabat lou pin,
Ausirès la neguo cabalo
Que rounclo per deuant lou trin.

Au céu sa negrouso humado
Porte lou dòu dou tens passat,
E le chiulet de l'echantado
Ausets, Amous… a tout cassat,

Praubos Amous, que par la branno
Joguéues au cluc dan lou rey,
Ats hugit e cabat la lanno
Lous galants n'y jogon pas mey.

Les meynados, que d'autos cops
Chan bergougno per la canilho,
N'auen pas que palho aus esclops...
An debas dinqua la tenilho.

Lous baqueys soun pas mey tiancats
Per accoussa les aulherotes;
Lous chibaus soun pas mey dressats
Per les hemnos à camalotes.

Les bièlos an quittat Alloun,
La tiabreto s'es enracado...
Dansen pas mey qu'au biouloun.
Dansen ma mey la reculado !

Les droles mespreson lou prat;
Per hèse tricouta las camos
Lous y fau un oustau barrat
E migrassas couma las damos.

Lous droullets counten pas sous dits,
Saben legi las escrituros !..
Trobent sous papés empéguits
Qu'on s'arrisent de sas lecturos.

Lous gens soun benguts trop pressats
Per eima les poulos bourridos...
Lous toupins soun desengrechats !
Mignon les poulardes roustidos.

S'assemblen pas cado dessey,
A la saisoun de la castagno ;
Lous poutouns ne tringlent pas mey
Praubo Lanusquet ès a plagno !

Lou bin blanc n'a pas mey de gout —
N'en béuen pas que per las fièros —
Lou biel couquin de Piquepout
S'endrom, aganit, den lous beyros,

Lous anciens n'auen pas lou trin.
La billo èro mey alugnado.....
Cadun seguibo soun camin ;
Cadun minguèbo sa cruchado.

An près les modos dous billens.
Aus besins dingun ne se hiso.
Risent pas couma d'ancien tens ;
Anèit n'an pas l'atse de riso !

Rey Henry ! Core nous quittès
L'Amou se neguèt den l'Auanço.
Den ta moustacho t'empourtès
Nosto riso a trauès la Franço.

Semblo droumi toun Capchicot
Darrey la ledro que lou sarro....
Droumis pas... ploure, lou Praubot,
Ploure soun Henry de Nabarro !

X...

SONNET

Saludi jou tabé l'aubete d'alegrie
De la Gascounhe amigue, e m'en bàu houruça
Lous hortz de Baretous, per y poude trenca
D'aqueste Prime d'or la génse eslou qui sie.

Malaye ! si sabebe oun l'auré d'espica
La flou, sa flou d'amou per toun amourous die,
O gentilhet Agen ! dinqu'au pic déu Mieydie,
Lou mountanhòu Biarnés te l'aniré serca.

Mey, sus l'àuta sacrat de l'hurous centenàri,
B'auras déu Gay-sabé l'ahoecat seminàri,
E flous nou-y mancaràn, soun que de Baretous...

Edounc; l'umble felibre, au noum de sept Biarneses,
Bères coum lurs serous, tas Dàunes Ageneses,
Te porte, o Jansemi ! lou mèu de sept poutous.

Henri PELLISSON.

LOU SORT

Un sort lou sourciè qu'a yetat
Dempuch sheis mès à la Marianne ;
Per ère tout qu'ère pintat,
Tout, bin, liquou, même tisane !

De bèbe un chic n'é pas pecat ;
Aquet lou pot hà, qui s'escanne ;
Mes ère que hasé pitat,
Dap lou bente henlat coum u banne !

Remedis, messes dou curé,
Pregaris, n'y hen pas arré ;
Que beü tout à la régalade !

D'aygue benedite un flacoun,
Un your que boëyte, e lou demoun
Négat, qu'es troube exourcisade !

MYOUR

Brabe e balen mey que persoune,
Permé debout dens la maysou
Aban qu'aü lheban, Diu m'perdoune,
Hisse léü ou tart un rayou,

Estiu, Hibert, Printems, Autoune,
Per chic que parèche lou sou,
Tout paysan, shens que l'hore soune,
Sap myour en toute sasou !

Quan au céu lou gran pendulayre,
Sen-Sebé capbat, catsus Ayre,
Moungalhart deban, Mount darrè,

Yumpan lou globe qui clareye,
Yuste au bec de la chemineye,
Qu'estupe lou houëc dou laré !

LAS BARGUÈRES

Las prémicis de las recordes,
Permé samiat, permé basut,
Qu'a plan secat deban las bordes,
Lou lin desempuch qu'é coélhut !

Ent'aus linsos, trouchouns e cordes,
Aciou qu'ou dèchen chic bourrut ;
Per lou linye d'Hayet ou Sordes,
Qu'ou caü mey fin e mey toursut !

Que ban coumença las barguères ;
Noëyt e your, tapatye, hartères,
Qu'announcen la fin de l'estiou !

Quan las fumèles soun en troupe,
De capit, de lin ou d'estoupe,
A la lenque qu'ous pen lou hiou !

LOU PERRÉQUÉ

« Plume e perrecs, guelhe, ferralhe ! »
Qué lou crid que lou perréquè
Lancèbe coum groun en samialhe,
Dens la barthe, e sus leu séquè !

Per lous camins, shens houëc ni halhe,
A chaque endret oun s'estanquè,
Mey crouchide biené sa talhe,
Mey doulent l'esqui quan carquè !

Aquet mestié balhe fourtune !
Croumpan à cadun, à cadune,
Sustout pagan menshs qu'a résoun,

Shens aüte utis que sa roumane,
Coum lous aüsets dap crins ou lane
Hen lous sours nids, hoëy qu'a maysoun !

LOU REYEN

Dens tout cantoun bien lou noutari
Après lou mayre e lou doyen,
Lóu medecin, e lou bicari,
Lou sixième qu'è lou reyen !

Aquet que counech la gramari,
E lou manuel républicain,
Lou latin… menshs qu'au semìnari,
Mès aütan que lou sacristain !

Dous counseils que tien l'escriture,
E dous berbaüs hé la lecture,
Coum secretari rapportur ;

Coum l'esparbè de l'aüseralhe,
E coum lou poutch de la pouralhe,
Qu'è redoutat l'institutur !

Arthur Poydenot.

RAMPÈU CAMPÈSTRE

Despièi proun tèms, de la campagno,
Vers la grand-vilo, l'on s'en vai,
En trop countant, qu'eila, se gagno
Mai de sòu 'mé mèns de travail ;

En trop cresènt, l'amo ravido,
Qu'eila coume on vòu tout se fai;
E que l'on ié passo la vido
Sènso n'en couneisse lou fai !

Ai ! las ! cresènco enganarello,
Per quasi tòuti li partènt,
Que trovon mèn encantarello
La vilo ounte aneròn countènt.

« Li caio en liue toumbon roustido »,
Lou prouvèrbi es verai toujour ;
Dins li cièutat coume en bastido,
Fau susa soun pan chasque jour.

A quauquis un, dedins lou noumbre,
Uno fado, quand soun nascu,
Diguè qu'aurìen ges de jour soumbre
E que s'acamparien d'escu.

E la chanço, alors, ris per éli,
S'enrichisson ounestamen ;
Mai digas-me quand n'i a d'aquéli ?
Se countarien facilamen !

Dounc, de la fourtuno, la rodo
Viro ben per quauquis urous ;
Mai lou malan, que toujour rodo,
Ten li siéu forço pu noumbrous.

Lou vilage, crei que la vilo
'Mé si plaço, si mounumen ;
Esvarto li segren, la bilo,
E que tout i'es amusamen.

Per aquéli qu'an ren à faire,
Acò's proun un pau vertadié ;
Se passeja, certo, es l'afaire
D'aquéu que lou sort fai rendié.

Me dirès que di proumenado,
L'oubriè tamben jouis un pau
Quouro a touca sa semanado,
Quan vèn lou sant jour dòu repau.

Mai que de contro, que de plago
Trovo dins la vilo, souvèn !...
Qu'un chòumage arreste la pago,
Veici la miseri que vèn !

Aqui, l'abitudo es lèu presso
D'ana beure sènso besoun
La pouioun verdo, uno mestresso,
Que prend l'argènt e la resoun !

Lou lussi, que pertout se bouto,
L'envejo, pecat capitau,
Mai d'un cop meton en derouto
La bono meno de l'oustau !

Vous dirai ren di mau pu grave
Ount'tout acò pòu abouti ;
Mai s'aqui sias pas mai que brave
Dòu bon draiòu sias lèu sourti.

Un er ben pur i'es cavo raro ;
L'on se ié nourris coume on pòu ;
Urous quand vous gardas, encaro,
Dis epidèmi que fan pòu !

Piéi, dins lou mounde barrulaire
Que vai, que vèn, troupèu uman,
Qu saup se noun i'a pas lou laire
Que vous destroussara deman ?

I'a'nca li grèvo, autre chaumage
Per la bono toco invouqua ;
Mai que souvèn es un dòumage
Per l'oubriè que l'a prevouqua.

En vilo, un tiers dòu gasan passo
Au loujamen ; enfin, per tout,
Dins li grand cèntre on se trecasso
Per mena drecho, la vidasso,
E faire jougne li dous bout !

Ah ! de quand li mour soun pu douço
Au mitan di nis, di bouissoun !
Ounte lou bèu blad naisse e pousso
Jusqu'à l'epoco di meissoun.

De quand la vido es pu risènto !
De quand tout es mai agradièu !
Ounte de pertout, se presènto
La man benesido de Diéu !

Mai se dis que la terro es basso ;
Que per la mòure, vous plegas ;
E que l'eissado vous alasso,
Quand tout lou jour, la manejas.

Païsan ! segur, ta cadeno,
Fau que plegue, coume se dis,
Car i champ i'a perèu de peno ;
Senoun sarien lou paradis !

Mai eici, subre lis auturo ;
Dins li valèio, avau, amoun,
L'er san de la bello naturo
Manten la forço di paumoun.

Eici, journado courto o longo,
Siegue l'iver, siegue l'estièu,
Lis oubriè s'oucupon de-longo,
Tambèn, i'a gaire de catièu !

Car lou travail ennoublis l'amo ;
E, se lou corps, lou sero, es las,
Dins la niue pleno de calamo
Trovo lèu repau e soulas.

Pièi, lou matin, quand se reviho
En entendènt canta li gau,
Lou campagnard e sa famiho
Soun mai vièu coume de rigau.

E, se sian au tèms di semenço,
L'ome, s'en vai jita lou gran,
Dins lou sòu de la plano inmenso
Em'aquéu geste noble e grand !

Enterin, la fremo varaio ;
Douno i bèsti, qu'an roundina ;
Fai teta ; lavo sa taraio ;
Parlo au drole, e fai lou dina.

Forto, noun cregne la fatigo ;
Ten l'oustau net, mai simplamen ;
Lou lussi, jamai la coutigo.
Ié penso pas, tant soulamen.

Gràci à n'elo, sus taulo, fumo
'Quelo soupo di païsan
Que l'oli d'òulivo prefumo
E que fai lego is artisan.

Abriéu es vengu, plòu ; que faire ?
L'oubrage anas, manco jamai :
Fau pas radouba lis araire ?
Li rastèu, enchapla li dai ?

Dins li prad verd, en ribambello,
Li margarideto an flouri ;
L'erbo es auto, la coupo es bello ;
Lou chivau sara ben nourri !

Aro, lou grand soulèu s'enflamo,
Lou mes d'avoust es arriba.
Dai ! fases lusi vosti lamo,
E li garbo d'or van toumba !

Mai es pas fenido, la lucho
Contro la terro, un pau pu tard,
I souco fau prendre la frucho
Que fara lou divin neitar !

E pèi, poumiè, periè, figuièro,
E tant d'autris aubre tambèn,
Dins la campagno nourriguièro,
Dison-ti pas que ié sias bèn ?

E tout acò, dins la verduro,
Après la bello flouresoun,
Soutò lou soulèu se maduro
Pau-à-cha pau, dins sa sesoun.

I champ, vesès, toujour se manjo ;
Quand sarié que lou bèu pan rous,
Lou liéume e li fru de la granjo :
A de bon d'estre pèd-terrous.

Es verai, sias sèmpre à l'oubrage ;
Mai res vous ié ven secuta :
Au cagnard coumo sout l'oumbrage
Beves l'er de la Liberta !

Adounc restas à la campagno,
Tenès vous ié siau bràvi gènt,
Au mitan de vosti baragno
E di riéu clar coume d'argènt,

Lou sòu noun es marrid pagaire ;
S'un an li recordo van gaire,
L'autre an van mies ; e fremo, enfan,
Ounte i'a la man dòu segaire.
Podon jamai mouri de fan !

Louis Bonneau.

REBISCOLO

Cresi pla que nostre soulel,
Darniè la niboul pallufèco,
Ben de rechampi soun calel
E d'en mouca l'ancièno mèco.
S'es pas tout à fèt esclarid,
De sas legremos estourrid,
Le cèl alando la pèrpelho
E soun èl blu, rescalfurad,
Dins les rais que l'an esclairad,
Douçomentou se derebelho.

Lèbo-te dounc, cor dechirad :
Es la claretad maitinalo
Qu'esplandis, sul lugra daurad,
L'arjén bluiastre de soun alo.
Per tout cambia cal qu'un moumen…
E lé cèl,, abouei, es clamen.
Qui sab ço qu'aquel joun te gardo ?
L'aire ba jiscla de cansous ;
Lèu berdejaran les bouissous.
Escouto, cor, à mai regardo !

Ero hièr le mounaire tens —
L'ibèr à la pel fredeluco —
Abouei es le gaujous printens,
Bel efan que nous desenruco.
Es la naturo que flouris,
Etro que jamay nou mouris
E qu'al toumbel diu pas descendre ;
Fenix que se jogo del sor ;
Bielho rebiscolo del cor ;
Belugo que drom jouts la cendre.

Fusquet la boulountad de Diu,
Pes siècles toutjour perseguido,
Que i a pas d'eternel adiu,
Que la mort amago la bido
E la doulou la gaietat ;
Que, pes plours pla desentutad,
L'espouèr torno luzi deforo ;
Que cado joun balho soun pa,
Qu'uno plago se pot tampa
E que la santo fe damoro.

Dounc, s'as pòu d'estre pas aimad,
Counto les broutous sus las brancos
S'ès, per un dol negre, abimad,
Pamèlo las estelos blancos
E se plouros auzis canta…
Aro s'entendes à tusta
Chè tu biste durbis la porto,
Per que dintre, tout patari,
Un cor, bengud per te gari,
Que la rebiscolo te porto !

Albert MAILHE.

A MOUSSU C. R.

At' doun boulut qu'etz escriùssi
En de celebra Jansemin.
Mès cadre ende co que beùssi
An aquero houn qu'un poulin
(Sa dison de bièlhos istouèros
Que semblon countes de pousouèros)
Hascout, y a tems, d'un cop de pè
Picha d'un roc qu'en haut s'ennairo,
E claro, e courrento, e cantairo.

Praube Moussu, moun escloupè
M'a caussat d'esclops sans gansolos
E podi pas courre au país
Oun las aigos s'escapon holos
D'aquero houn de paradis.
Parech, qui n'en beu es poèto !
Oh ! coumo boudri m'en bouta
Dincò'quiu e m'en embeuda !
Coumo seré hèsto coumplèto,
Boulousse Diu me ha canta
Coumo cadré, coumo sentissi,
Lou nom dou noste Jansemin !
Mès finiri pas, t'abertissi,
Ta gran m'en seré lou delici,
De dise — à touts — sus tout camin, —
Mèste, que lou Mijour acclamo,
Lou plasé que hès à moun amo,
E lou ben que te diu moun co.
Coumo tu qui sat doun arrise ?
Qui doun sat ploura coumo'co ?
An es l'Omi que pouiré disè,
Sans se banta ni sans menti :
« Soui mei gran, ou soui de sa talho ? »

En fèt d'escriue e de senti ;
Es be brai, Moussu, soun marmalho
Presque touts, près de'quet geant ?
N'i a que sabon tengue la plumo,
(Boi esta juste e pas machant)
D'autes que cregnon pas la brumo
Ni'nde la bouès, ni' ndou cerbèt.
Lou qui ta bièn cantèt Mirèlho,
— E que tirèt de sa boutèlho
De tan boun bin — Mistral, tan bèt !
E l'Aubanèu, e Roumanilho,
Grans esprits de mêmo familho.
Oh ! lous a toucats e marcats
La man dou boun Diu ; soun poètos !
Soun grans ; an lous ouelhs alucats
Qu'espion lou cèu ; soun profètos.
Lous escouton dens lou païs.
Dirén qu'an rebelhat soun amo !...

Ta plan es toutjour moun abis
Que noste Jansemin reclamo
D'esta noumat tout lou prumè.
Sa bouès cantèt pas la prumèro ?...
E coumo cantèt ! Coumo hè
Lou roussignò de la ribèro.
Tout se taiso, quand l'auserot
Sou bor de soun ni, su la branco,
Ou canto, ou plouro, lou praubot,
E que sans brut, la lùo blanco
Semblo au houn dou cèu s'arresta
Dinco la cansoun afenido.

Quand se leuèt en de canta
Jansemin, surpreso, estremblido
Nostro terro atau l'escoutèt.
De que ? la lengo mespresado
Dens la bordo coumo au castèl,
Es ero que, douço rousado,
Toumbo sous cos e hè ploura ?
Que gemis, souspiro, resouno,

E sat en mêmo tems pintra ?
Que lou francés hèsque la mouno
Se bo ! que m'hè co'jou ? Sa bouès
N'a pas l'esmauento musico
De ço que chaffron lou patouès !.,..
Es trop sabent, e trop s'applico ;
Hugis lau simple, li cau gouants
E soun pas faïssious aprestados
Que tocon moussus ou paisans.
Mès coumo n'estèn, remudados,
Nostos amos per Jansemin,
Quand respirèn sa pouesïo,
Roso fresqueto dou matin,
E quan béun soun armounïo
Que semblauo toumba dou cèu
E qu'èro douço coumo mèu !
Pertout, dens bilos e campagnos
D'aunou coumo n'apilèt gragnos !
Gascous, Agenés, Rouergas,
De las plous au rise passàuon ;
Pertout applaudiuon las mas,
De plasé lous pès trepignàuon :
Ero un triounfe cado cop,
E cado cop hèsto neuèro
Oun jamès n'i auè prou ni trop.
Quis soubenis, ta bius encouèro !
Enfin quand angout à Paris]
Hasarda sa Muso gascouno,
Tremblèn un pau dens lou païs ;
Mès lous Franchimans ahurits
E mêmo lous porto-courouno.
Rèi, Rèino, Princes, Amperur,
Rigoun, plourèn coumo per forço
E toutos las mas truquèn dur !

Moussu, quino èro doun l'amorço
Que jitàuo à touts Jansemin ?
N'auè pas qu'ùo, la Naturo,
Mès jamès sans coulou menturo !
De mei, dans soun esprit ta fin,

Soun co, sa lengo d'or enfin !
Nàni, balhàuo pas rampoino,
Sa harlo hasè boun pan,
E lous praubes dens soun aumoino
I troubàuon pas qu'argent blanc !

O malurouso *Margarido.*
Pallo flou de Castelculiè
E tu, Françouneto esberido,
Boun hilh, espoutit au chantiè,
Frais bessous, e tu, praubo pègo,
Au co mort e pas mens murtrit
Coumo pous brocs sannous d'io sègo,
Bous au qu'a creat soun esprit,
Digat'me se boste martiri
Hasè pas ploura bosto bouès
Coumo plouron lous bèrs qu'admiri
E que me biron à l'embès ?
O, qu'es atau que l'âmo crido
Quand dou co s'escapo la san,
Coumo quand blassado, la trido
A boulets huch, toumbo, se plan
E mouris !... Mès sa man leugèro
Sabè pintra d'autes tablèus.
Françouneto, aquero passèro,
Coumo l'an preso sous pincèus !
Tè, la besots que sautiquejo,
Que canto, que danso, qu'arrits,
E tout aro plouro, saunejo,
Sans droumi, lous ouelhs tout daurits ?
Tè, la besots pas, *la Maltreto*
Coumo' nde Jacques gagno argent !
Ah ! pot tourna dou regiment...
Es pleo d'escuts la tireto !
E rits e plouro de bounur...
Prauboto !... E la gran debanado ?
E dens lou bachèt à bapur
Aquet biatge ! E la serenado
A la pastouro au co ta dur ?
E la noço, dan tan de drolos

Que courron cats à Sent-Amans
Sautan e chisclan coumo holos,
Acoussados per sous galants ?
Quis bèrs ! tout i biu, e palpito ;
Soun mèi qu'un recit, qu'un tablèu,
Dirén lou miralh de la bito
Mèi bèt que la bertat belèu.

Mès diuots bouri de coulèro...
Coro doun aurèi-jou fenit ?
Ebe, pourtant, patienco' ncouèro
Pramo que la causo es trop bèro ;
Mès dan dus mots, tout sera dit.
Jansemin ta gran que sa glouèro
Pouira pas mouri che nous au,
Ero boun, e de soun istouèro
Ço qu'i a de mè bèt, de mè haut,
Es que sa noblo pouesio,
N'èro pas io flou de genio
Sulomen, mès un flam dou co.
Oh ! qu'èro aimablo coumo'co
Quan de Muso cansounejairo
Se hasè balento quistairo
E que paràuo à touts la man
En dous praubes qu'auèn pas pan !
Antjou dou boun Diu su la terro
Se plegàuo à touto misèro,
Estchuniuo toutos las plous
E mêmo aus curès malurous
Bastiuo glèisos empenados,
E las pèiros ensourcilhados
Aubeiuon à sas cansous !
Tabé quand sounèt aquero oro
Doun a pòu mêmo lou mè fort,
Quand se dressèt, pas mèi dehoro,
Mès deguen, deuan et, la mort,
Lou prengout pasnado tremblèro !
Près de Diu auè'n d'aboucat
La Muso de la caritat,
La souo d'et ! La Muso fièro,

Que jamès n'auè trabucat
Dens lou perimen d'impietat
Ni dens nat trau plen de hangasso.
Pot bèngue lou Sent-Sacroment,
Es prèsto, Jansemin, la plaço
Que li ouardo toun co mourent !
Qu'intro ! — Un pau sus toun lèi te lèuos,
Lou saludos coumo un amit,
Cridos : Es Diu ! coumo't cresèuos
Dumpei lou tems qu'èros petit...
E quand bengut dens ta potrino
T'embaumo dou parfum dou cèu,
Prèste à mouri sans nat degrèu,
Croutsos las mas, toun cap s'enclino...
E dejà lou besos belèu
Coumo là-haut lous sants lou beson,
Coumo lou beiran lous qui creson
E recebon Diu dan la mort !

Moussu, disi pas doun à tort
Qu'au noste poèto re manco.
Aùt, segu, lou gran tresor :
Praube se hascout pas io banco
De sous bèrs mè riches que l'or.
E dens noste siècle de hounto
Que dècho Diu à l'ignourent
E n'adoro pas que l'argent,
Jansemin me semblo que mounto
Dens lou cèu, toutjour mè lusent...
Dirén un lugran : pas prou 'ncouèro :
Apparech mè grand à moun ouelh.
Coumo jou parlera l'istouèro :
« Es mei qu'io'stelo, es un sourelh ! »

Chanoine J. Lacoste.

CANSOU

Que t'aymi tant, que nou sèy quin
T'ad ey à dise,
E tu, quan ad sàbios, u drin
Qu'en bas arrise…
N'espiaras pas mêmo la flou
Ta tu couelhudo,
E que sera coum moun amou
Perdudo !

.·.

Que t'aymi ! nou coumprenes pas
— Qu'es trop maynado —
Quin seguech cadu dous tous pas
La mio pensado ?
Quin tout de tu me da yelou,
Quin tout m'irago,
Quin moun amno ey de ta berou
Briago !

.·.

Que t'aymi ! mès, e m'aymos tu ?
Qui m'at pod sâbe ?…
Gouyato què troumpo toutu
Coum briu de Gâbe.
Coumo l'arroso qu'a l'eslou
Biste passado,
Ouey qu'ey tio, belhèu douma nou
Birado !

Simin PALAY.

LOU PREIRE VERT

Per canta dòu Bon Diéu li lausenjo latino
Aves vist quauquifes en raubo cremesino
De cardinau segui de preire e de clerjoun
Qu'an sourti de l'armàri ounte eron ben rejoun
Si vesti li plus bèu, si plus bello raubeto
Negro o roujo souvènt e bèn de fes viouleto.
I jour de grandi festo aves vist à l'autar
Sout si capo de sedo acoulourido ém'art
L'evesque ouficia 'ntre mié di canounge.
De negre o de cadis soun proun vesti li mounge,
Mai n'avès jamai vist de vostis iue dubert,
Coumo l'ai ausi dire antan, un preire vert.

S'apelavo Bernat e liuen de l'Evangèli,
Manquant i lei de Diéu, quand sounavo l'angèli,
Sa pensado fugié proche un poulit mouroun,
Uno cambeto fino, un boutelet redoun.
Ero un fier galavard. Tout de long de l'annado
Per cassa d'acò béu ero à la permenado,
Di Cauquiero à la Font, dis Areno à l'Agau,
Qu'es mème ras d'àqui que n'ero soun oustau.

De l'autro man alór avié sa demouranço
Un tenchurié famous qu'i disien Meste Franço.
Ero un bon travaiaire e davans si peiròu
Ount boulissien de longo e lou viei e lou nòu,
Lou vesias tout lou jour à boulega de lano,
De sedo o de coutoun, vesti de bastidano,
Raubeto de Rouan, culòti de moussu,
Cadis per li mesquin, drap fin per li coussu.

Franço, per soun malur, avié pres uno dòno
Poulido quenounsai, mai tamben pas di bòno :
Ero un pau testo en l'er la jouino Madeloun
E savié pas toujour refusa li poutoun.
Lou preire galavard aguènt talo vesino,

De soun dous parauli secuté la mesquino
Que prengué de Bernat li mot argènt coumtant,
L'escouté de bon cor, n'en fagué soun galant.

Quant durè lou peccat noun poudriéu vous lou dire,
Mai touti li vesin de Franço poudien rire
Que noste tenchurié, toujour à soun travai,
De sa Madelounet noun savié li varai.
Nosti dous amourous se geinavon pas gaire :
Tre qu'à l'aubo soun ome anavo à sis afaire,
Madeloun à soun estre aplantavo un signau
E troubavo Bernat lou nis enca tout caud.

Un bon matin, pamèns, qu'aguènt forço tenchuro
Franço ero à si fournèu e fasié fiò que duro,
Las souto li peiròu de metre de carboun;
De cambia de camié sentigué lou besoun :
Per l'escalié de bos qu'anavo à sa cousino
En tres saut fugué d'aut e troubé Madeloun
Que tenié soun Bernat sarra sus sa peitrino.
De la porto à soun lié Franço fagué qu'un bound,
Per la pèu dòu coutet vous arrapé lou preire,
E sounant si dous ome, Aguste emè Cristòu,
Li cargué de sauça lou galant au peiròu.

Tre l'ausi, si garçoun sabien pas de que creire,
Mai plagnissien soun mestre e soun malurous sort.
Vous aurien mes, segur, lou galavard à mort,
Se Franço avié vougu. Mai queste voulié gaire
Per un preire de rèn s'atira quauco afaire :
— « Dins la barco dòu vert qu'es encaro tebés
« Trempas aquèu gourrin, que sauce proun de fes
« Per que garde longtèms la pèu acoulourido ;
« Mai gardèn-se toujour de n'en prene la vido ;
« Vau pas gaire e me lou farien paga per bon. » —

Meste Franço enterin envalavo quicon
Per se remetre un pau, piei garcè, no voulado
A Madeloun plourouso e dins soun lié couchado :
Demandavo perdoun i còup de soun espous,
E lou preire, debas, reclamavo secous

l garçoun que, galoi e lou cor à l'oubrage,
Trempavon lou gourrin emai sis abihage.

Quand sourtigué d'aqui Bernat ero tout vert,
Vert coumo un perouquet, vert coumo un bèu limbert :
Lou coucheron defòro e pertout sus si piado
Dòu vert lou plus founça leissavo de trenado.
D'encò de Meste Franço enjusqu'à soun oustau,
Noste preire galant fagué pas que tres saut,
Bandigué, tout intrant, e camiso e flanello,
S'espoungué, se bagné, se sequè de plus bello,
Maugrat si grands esfort counservè sa coulour.
Fagué rire chascun, quand sourtigué de jour :
En quielant darriès éu courrissié la nineio ;
Per lou veire passa li gènt fasien la leio,
Lou rire espelissié de longo sus si pas
E de cris de « verdoun » mesclas i cacalas.

Dòu despiet que n'agué, fugué malaut lou preire,
Mai causo vertadiero e que n'es pas de creire,
Tre que fugué remés, noste bèu capelan
Se plagné d'estre vert per estre esta galant.
L'evesque n'en risènt, li canounge de rire ;
Li conse au presidiau, quand l'ausiguèron dire
Se n'en tenguèron pas. Cousseja de pertout,
Mounsen Bernat vengué plus fer que n'es un loup :
Fugigué de la villo en un bèn de famiho ;
S'en anè liuen dòu mounde e di poulidi fiho ;
A viéure liuen de touti e liuen dòu femelan
Bernat rebalejè peraqui quauquis an,
Perdegué l'apetis e perdegué la vido,
Mai perdégué jamai sa pèu acoulourido.

Fugué lou premié còup, belèu bèn, qu'un couquiéu
A soun entour vegué li riseire per éu.

P.-H. Bigot.

BIÈL DE LA BIÈLHO

Victor Hugo nous a countat
La bèlo litsou de bountat
Que soun pai, un ser de batalho,
Balhèt as que penson que cal
Tourna toutjour lou mal pel mal :
Pauc d'omes, d'aquel an la talho.

Pourtan, pauro ou cousudo d'or,
Cado famìlho a soun tresor
De soubenis doun es jalouso,
Gestes oun s'ennartèt la gen,
Oublidats de tous, i a lounten,
Mès qu'elo gardo, pietadouso.

E boli dire, bertadiè,
Ço qu'un jour fasquèt moun pèpè,
Un grougnard, un bièl de la bièlho,
Qu'à bint ans, debat lou canou,
Abio gagnat la crout d'aunou,
El, pichou paisan de la bèlho.

L'Imperatou-Diu destrounat,
Moun pèpè s'en èro entournat
Biure sus la mairalo terro
E noumat gendarmo en Agen,
Fasiò soun debe brabomen,
Coumo l'abiò fèi à la guerro.

Or, un matin à soun leba,
Aguèt coumand d'ana serca
Damb soun coumpagnoun ordinari,
Briscard as pièls deja miè-blancs,
Un roudaire doun s'èron plangs,
Forço cops, lous de Sent-Alari.

Lous dus gendarmos, à chibal,
S'en anguèron doun per abal,
Tracan bosc, bousigo è laurado :
Ilhos, sègos, clots è balats
Fusquèron per els rebirats
Penden touto la matinado.

S'entournabon n'aguèn res bis
Quand, foranan d'un talhadis,
Un ome de mino maichanto,
Damb un fusil à soun coustat,
De segur lou roullan sercat,
Daban els parei è se planto.

Lous cabalhès picon tous dus
Mès, quand li soun casi dessus,
L'ome baicho soun escoupeto
E crido, lou dit su'l ressort :
« Un pas de mai è n'ia'n de mort,
Aro que z'ei dit, plaço neto ! »

Des dus souldats, nat nou sabiò
Ço qu'es la pòu ; cadun abiò
Dansat cent cops à la « grand'festo » :
Lou mai ancien doun, simplomen,
D'un lan se bouto al primè ren
Mès, de la man, pèpè l'arresto.

« Damoro : as fenno èmai droulet,
Al loc que you, que sèi soulet,
De marcha res nou me debiro. »
Disen acò, passo daban
E cour à l'ome, li cridan :
« E tu, se sès pa'n lache, tiro ! »

L'ome tirèt è lou chibal,
Ta lèu mastat en plen poutral,
Recebèt la cargo emprenado ;
Un ploun, un soul, touquèt al bras
Moun pèpè que d'un saùt en bas
Teniò la bruto al col sarrado.

Coumo seguido, un mes apèi,
Miè-repenten, lou fors-la-lèi
Passabo daban las assisos
E, testimoun, l'ome al grand co
Qu'èro moun pèpè, lors, disiò
A la barro aquelo debisos :

« Moussus, n'èi a carga digun ;
Ço qu'a fèi l'encoulpat, cadun,
A mens d'abé de sang de rabo,
L'auiò fèi ; l'abioi desfisat :
Es doun ma fauto s'a tirat... »
E lou tribunal aquitabo.

Gaston LAVERGNE.

LOUS CHIS AU PARADIS

Vejaqui que quand agèt rendut soun ama « *dans les bras de son chien* », couma dis la cansou, Sant-Roc, toujour seguit dau fidèl animau, s'en venguèt tabasà à la porta dau Cèl.

Sant-Pèire doubriguèt sus-cop. Au coulèga faguèt d'aculhs, tè ! n'en-vos-aqui-n'as, mès, — lous pourtiès aimoun pas lous chis, — quand s'agiguèt dau coumpagnou, baraca ! i'agèt pas plan de ie faire ausi 'na resou.

— Per veire, ie veniè soun mèstre, pode pas lou quita defora : seriè 'na grossa counciença. E pioi un Sant-Roc sans soun chi semblariè pas de bon, que diaussis ! Es couma s'on parlava d'un Sant-Pèire sans claus...

— Ta ! ta ! ta ! tout aco's de contes ; lou Paradis es pas fach per las bèstias.

— Terré ! per quau es fach ?... Emb'aco que Sant-Marc çai i'a pas soun lioun, Sant-Jan soun agnèlou, Antòni soun poucèl, e que tron sabe iéu !... Moun chi vau tout aquel bestiau.

— Pas tant d'alleluiàs, vous dise. Lous chis, lous pode pas senti.

— Belèu aimariàs mai un gal...

— Coussi ?... Auriàs pas un èr, per asard ?... Intrarà pas, quand me sannèssoun !

— Intrarà, quand perdrièi moun noum !

S'aco durèsse encara un brieu, — carcagna tus, carcagna iéu, — fou-mé ! s'una paraula à l'autra, las causas aurièn mau virat. Per un ben passèt Noste-Segne. Ausiguèt lou dich d'un chacun e, fin-finala, es à Sant-Roc que dounèt drech. De manièra qu'aqueste, lou cap levat, embé soun chi la coueta en l'er, faguèroun una intrada espetaclousa e triounflanta, entramens que Sant-Pèire aloungava dous pans de nas.

·.·

Tout se sap. Lou ditoun de la countèsta entre lous dous sants s'espandiguèt en taca d'oli. Sus terra s'en parlèt amai s'en desparlèt. Enco das chis sus tout i'agèt un revaladis dau tron. Talamen que s'acampèroun e que, lous uns après lous autres, ou mai-que-mai toutes au cop, desbatelèroun soun moutet :

» — Oui, Sant-Pèire a mancat l'escola.— Ie cau voutà una agairada.
— Cau i'anà faire tarivàri !... — l'a res couma de dinamita !... »

E patatin, e patatan.

A la perfin, un gros dògou, una forta closca, proufichant d'un moumen que lou bourlis mainava, se matèt sus un butarou, sourtiguèt un papafard, toussiguèt, niflèt, escoupiguèt, e cridèt :

— *Citoiliens* : S'agis pas de lanternejà, Escoutas ce que iéu prepause : « Toutes lous chis de la chinarié, acampats en Assemblada generala, votoun de coumplimens estrambourdats au grand Sant-Roc qu'a tant ben aparat sous dreches, e decidoun de n'i'en mandà cinq d'entre eles per ie pourtà una medalha remembradouira croumpada en souscricioun publica. »

— Aubé si, qu'aco's parlat. Bravò ! bravò ! bravissimò !... Viva Sant-Roc !

L'escaufèstre s'amaisant lèu, la moucioun seguèt adoutada per lou biais de tres japadissas e lous delegats designats. : lou dògou, couma de juste, un chi de pargue, un cassaviot, un gros coucàrou e lou danés d'un cafetiè. Pioi se sounejèt per la medalha.

.*.

Quand tout seguèt lèste, perquinaqui ioch jours après, endimenchats couma d'amelliès flourits, notres delegats enreguèroun lou cami deu Cèl. Vajaqui-lous davans la porta.

— Holà ! fai Sant-Pèire, quau i'a ?

— Sian, sou-diguèt lou dògou, que fasiè la lenga, una deputacioun de chis. Voudrian intrà tant soulamen per remetre à Sant-Roc una medalha que se i'es oufrida.

— Ah ! ie mandoun una medalha ?... Esperàs que vous vau doubri.

Mès entre el se marmoutiguèt : « Aici moun revenge qu'ariva. S'introun vole-be que la tèsta me saute !...

— Puh !... puh !... faguèt entre doubri, dequ'es aquela carougnada ?... Seriè pas vautres, per asard, que pudiriàs moussus lous chis ?

Aquestes, plantats couma de cigàrous, s'arregardèroun, embabouchits.

— Oi, tron ! empouisounàs mai qu'un rat mort... Bouèi ! anàs vous en lavà, coulègas. Es pas antau qu'on intra, aici.

Mouquets e bèfis de l'afrount, lous chis s'enanèroun netejà dau

milhou que pousquèroun, mès, vai-te-querre ! quand revenguèroun,
Sant-Pèire en se tapant lou nas cridèt tournà :
— Boudieu ! boudieu !... la pudissina !
E couma en se niflejant l'un l'autre, deuguèroun counveni que dau
rebous dau mourre i' espelissiè 'n parfum pas das pus catoulics, se
revirèroun aurelhas bassas e couetas entre cambas.

.•.

Ah ! me digàs lou grand creva-cor quoura, davans toutes lous chis
qu'esperavoun en àncias, lou dògou deuguèt escullà lou mau-avengut
de la missiou ! Pamens, degus ausèt pas leva lenga, tant toutes se sen-
tissièn fautibles dau mème coustat .
Demouravoun aqui, ravits en brocas, quand un loubet prenguèt
l'antièna :
— E tron ! de se descounsoula, acòs apouncha pas un fus. Me sem-
bla, siloun moun pichot sentimen, que farian milhou de trouvà 'n estèc
per gueri lou mau.
— Es vrai, avès resou ! parlàs vite, parlàs.
— I'a ma mèstra, una devota ensucrada, qu'a sas dents que s'apour-
ridissoun. Lou mati, quand se leva, tuga las mouscas de vint passes ;
lou vèspre, à l'encountràri, en l'embrassant soun galant ie dis, « Vostra
bouca es, mignota, un brout de jaussemin. »
— Per esemple ! coussi pot faire ?
— Sants foutralasses, la parfuma !...
— Té ! véja, i'avian pas pensat... oi, d'aquel levènti !...
E d'ausida chacun vouguèt ensaja de l'estèc. S'embatumèroun de
parfums toutes lous ròdous que caliè : faguèt un efèt dau tron de
Dieu. De l'avis de tout lou mounde, Sant-Peire poudriè pas pu faire
soun refastignous ; sustout estent counvengut qu'on emplegariè pas
mai que d'encens : se creiriè d'èstre en quauca proucessioun.

.•.

Pas pus tard que lou lendeman, nostres flambards d'embassadous,
en quau s'èra ajustat, per lou ben gramecià, lou chi de la devota,
s'adralhèroun mai vers lou Paradis, cafits d'encens couma se deu.
Malurousamen per eles, Sant-Peire èra avisat de tout. E couma es
un ratiè, vouguèt pas que seguèsse lou dich que lous chis intrarièn au
Cèl. Prenguèt adounc sas precauciouns.

Tant-i'a que tout caminant, — dran dran — , à-n-un crousadou, lous chis s'endevenguèroun cap à cap emb'una chineta, escarrabilhada que tout-ple, acassada couma una nòvia, poulidouna couma un soù, l'iol vieu, nas retoussit e l'anà mai amourous qu'una cata en febriè.

— Dindines ! la farota manida ! diguèt lou loubet.

— Chaval ! faguèt lou chi de cassa, à-n-ounte anàs, perdigalhou ?

— Agés pas pòu madoumaisèla ; vous apararai, oufriguèt lou chi de pargue.

— Venès enjusqu'à moun oustau, prepausèt lou cafetiè ; prendrès un degout de licou.

— Vostre amour, s'esclamèt lou dògou, oh ! ma poulida, seriè l'estèla de ma vida.

— Bota, marmurèt lou coucàrou, se vos, sabe un amagadou !...

— Plèti ?.., Braves moussus, sès ben ounèstes, rebequèt la chinota enfaguent sa cata-bagnada, e se fadejant, s'amagnagant, remenant lou cueu, patin, coufin... Soulamen, sabès? m'espèroun...

— Venèn embé vous, japèron toutes couma un soul ome.

E zou ! afrescadets, alinfrats, entrefoulits, afoulatrets, marmoutiguent de fadourliges, d'aproumessas, de cantimèlas, l'acoustairant, la nistant, l'alisant, se friant d'ela anfin, toutes la seguiguèroun.

Or se capita qu'avièn à faire emb'una arroutinada que, aliçounada couma cau, lous menèt tout drech en anfer. E Satan, countent dau marrit tour que jougava à Sant-Roc lous embarrèt d'aco plus bèu. L'amour es una perdicioun.

.·.

Desempioi lous chis espèroun de-longa lou retour de sous messagès. Vejaqui perdequè quan ne rescountroun un d'estrangè van lèn s'assegurà se sentis pas l'encens.

Gustave Thérond.

LA LEGENDO DEL PASSAIRE

Garouno coulo intrè sous bords mai larges adaro, in iver, aprets las plejos ; rolo sas aigos à plens bords, à gros boulhouns, soun couren rago damb brut lous bourdages plantats de bimièros, d'aubaredos, de biulèros talomen espessos que lou qui passo aqui l'estiu a peno à beso blueja de l'autro coustat un estret riban d'aigo. Mes aro coume s'ausis de len sa grando bouès, sustout la nèit ! e coume se desplego ! S'en bai grando rasan las costos dumpei Agen, broumban al mitan e gemni. Carrejo tout ço qu'es sus sous bords : palhos, fagots de jutin, bargassos de cambo. Lou bisan segutis las cabelhados, autos e nusos ; pertout en lai, la campagno e aquelos costos tant belos l'estiu, surtout la de Nicole, lou Pech de Berre, soun nusos tabé e tristos coume toujours dins aquesto tems de Nibose, coume se dits adaro.

N'es plus lou mes de Jè.

Arres dins la naturo nou dits ço que se pot passa dins la soucietat, las sasouns se fan coume toustems ; urousamen qu'i-an pas pouscut touca. Nous aus pauras cal be diso e fa coume sen oublijats — coumprenen gaire aquès mouts que nous fourcèn à diso à peno de mort.

Ço qu'i a lous camps soun en bousigo mai que jamai.

Se n'i abio abut que lou passaire de Mounhurt per trabalha la terro saré restado coume èro. Per el n'i abio que l'aigo, la pesco e mai que tout la fumo e l'aigo de bito.

Se sabio gaire d'ounte benio perque dumpei quaucos annados qu'èro aqui abio pauc fraiat ambé las gens de l'endret, maugrat que lous passessis touts. Sa fenno e sous drolles anabon souls al bourg bendo lou pech, el quitabo gaire d'aqui, fuman sourne e pensatiu, sietat sus quauco souco ou fasen bergats, bartants, filats, toursen bimos per las anguilèros, las bouiricos.

Dision be qu'abio courrut las màs sus nabius sens pabilhoun, se coumpren ço qu'acò boulio diso.

L'airo salat de la ma abio crusat de grands pics aquelo faço de couè tanat, embroussalhado d'une barbasso bruno ; sous els se catchion debat d'espes perpels. Soun nas èro aclafat, sous pots espes e rasats. Cat de frezilhoun de riso n'i abio jamai courrut.

Lous seros d'iber soun oustal fèit de pan de boi e de canabelos dechabo passa per sa friestos rouges luous ; la chaminèio aqui chiaumabo pas, buscos, trouncs d'aubas, fagots flambabon, lou pech mijoutabo dins la couquelo dins lou bin, lous ougnoums.

Nat d'ets n'èro acachats, e bebebon milhou enquero, tant la fenno que lous drolles. L'aboundenço ié regnabo. Lous batèus que s'arrestabon aqui prou souben per passa la nèit, per quaucos poulos balhabon bin e aigo de bito à plens barricoutets. Aquelos nèits èron noços. Mauabisat lou qu'auré damandat à passa l'aigo dins aquelos ouros.

Ai-las ! quante n'i-abio pourtant que nou poudèbon passa que de nèit ! e n'èro atal dumpei un parel d'ans.

Tabé uno nèit d'aqueste mes de Nibose fusquet brigo suspres Matelot-la-Mountagno quouro aprets soun prumè soum s'ausit apela de l'autre coustat de l'aigo.

Counechebon pas soun noum, touts l'apelabon lou Matelot ; el abio pres, coume n'èro coustumo alabets lou susnoum de la mountagno, per qu'anabo souben as clubs del district, à Tounens-la-Mountagno : èro un das mai raujous.

Anen, enquouro un, se dits el en se leban.

Attrapo sa bergado, pousso soun gabarrot, lou fred pique, torre ferme ; juro, sacro, per que lou bisan ié coupo las gautos ; la nèit es tristo e crumouso ; a prou peno à mena soun batèu ; lutto countre lou couren ; ambé l'espanlo pousso à la bergado qu'acroche à la fin à uno souco d'aubaro e tiro reddo per se manteni ; alabets bèi mounta de darrèi la mato uno oumbro que marchabo de pous à d'el ; besebon qu'un mantel, un grand capel.

Fusquet brigo suspres.

Debat aquel capelas, lardabon dus els ; sout lou mante dount un bout ero rejitat sus l'espanlo gauchèro se besebo pendilha 'no sacoto e lou bras dret parechabo sarra quaucoumet sul co.

Aqueste aciu es un capelan, se dits el :

N'èro un.

Lous cresèbi touts partits, baqui qu'i'n resto enquero d'aquets bouhoum.

Ai-las ! forço d'aquets suspectats èron benguts entaciu per passa l'aigo d'en lai las costos, de catsus lous bords del Lot per gagna d'aqui lou Queyran, las Lanos, lou Mouransin, l'Espagno...

Ah lous malurous, s'abebon bis lou riso del passaire quouro dintrebon dins lou gabarrot ! n'auren tremblat, bagnats de fredos susous.

Lou capelan dintre d'un pè ardit dins lou batèu. Parechebo bien bastit, abebo grand aire ; passe à l'arrèi.

Coume lebebo sous els al cèu, in aquel ceù tout encrumit adaro ! Pousso un pantach de satisfaccioun, sus sous pots semblabo mounta un dous gramecis à Diu, ai-las ! maugrat lou mazan, lous flèus d'aqueste tems dins quaucos moumens anabo jouégno la terro al cèu, ta dabela enquero un cop lou Fil de Diu sus l'auta. Aulhè del grand Mèsto, à sous pès bai bèno soun troupel escampat ; pourtabo ambe d'el lou pan misterious, lou pan das forts que dounabo aquelo secreto ardou as que mountabon sus l'escafaut berça lour san per la fido.

Uno grange, quauco fournil beleù, qui sat, anabo lou recebo, e aqui touts transits de crento quante n'in abio que s'agenoulhoran sus la terro nuso per adoura Diu, cassat de pertout sounco das grands cos. N'in a que faran benesi lour maridage, d'autros, de jouénos maïs qu'oufriran de pichous à l'aigo sento.

Sourtiran touts d'aqui deraletos, lous uns aprets lous autres, e sens falot ; pulèu darrè las sègos, dins las carrejos qu'alhours.

Demèntro tout acò la joio lous estregnora, un mèmo frezilhoun segutira touts aqués cos, grumilhos perloran din touts aqués els. Ah ! se lous cants poudion mounta, se lou " Parce Domine " poudìo se fa enquero ausi coume lou poussaren touts ! mes cal lou silenço, qui sat se digun n'es à las escoutos !

E lou capelan saunejabo as mourens, as pauros bielhs que l'esperabon, boulen pas s'en ana peccatius.

Mes Matelot-la-Mountagno se pressabo pas à quitta lou passadé, iè fasio pas attentioun, lou capelan, toustèms lous els de cats al ceù, e pensatiu à la grandou de soun menistari per quau abio tout affrountat dumpei dus ans.

S'èro setut boutan sa sacoto à pès.

Dansabo, lou gabarrot, de dretto, de gaucho à cade cop de goudilho ; i abio quaucoumet d'estrange dins aquès moubomens ; s'iè fasio de sa retto forço, lou Matelot ; mes coume èro al miè de la ribèro, decho l'abiroun, cambo large, peso de tout soun pes à dretto, à gaucho, e prenen souns lans, pousso per las espanlos lou presto à l'aigo que se d'oubris e se fermé ambé uno grando remelho, mes talèu lou presto remounto esparan lous bras sus l'aigo, lous els grands landos, la bouco douberto : graço, se disio ; per tant de pauras que m'espèron, graço !

Lou Matelot que belhabo, d'un pous de bergado lou tusto al froun ; lou cartounet ount èron las ostios s'èro doubert e las besion sus l'aigo

blancos e redoundos : Tè, baqui per tu e per toun Diu ! e lou passaire
tustabo.

L'aigo à l'entour èro sannouso.

Es de creso que lou diable iè dounabo forço per que fusquet aro
lèu à terro la sacoto à la man.

Qu'es dounc aço, se disio en prenen lou caliço, lou cibori e d'autros
causos qu'i abio d'argen ou bermelhat ?

Chas el fèi parti la pèiro, alluco la candèlo e se berço un bèirat
d'aigo-de-bito : à, tu caperan !

Se quauc'un abebo escuts de siès liuros, loubis d'or de vinto-quate,
e de quarante-houeit liuros èro be lou Matelot que lous poudio fa beso,
arres mancabo dins l'oustal, mes grand moundo n'anabo i beso, des-
part quaucos uns coumo el per que èro cregnut de touts e qu'èro
escoutat al district.

Aquelo terriblo e sannouso annado de quato-vint-treize s'acababo
sens que nado journado pousquesse pourta quauco raioun d'espouer
dins lous cos atterats ; las gens sabebon pas coume bibèbon, perdudos
qu'èron las idèios em'aques tems noubels sens dimenchos, aquelo
decado que iè callio chiauma à peno de mort, nou i disèbo arres à
l'amo et sabebon pas coume la pàssa : La Franço nado de san, lou
Rèi l'abion escapitat. Qui dounc poudré diso ço que nou'n sourtiré de
tout acò !

Dementre aquel tems, Matelot cutèbo pas de bebo, mes èro mai
sourne, mai rusclo que jamai ; ço que se disio d'el dins lou clot de
l'aurelho fasio courro fresilhouns. Se besèbo que quaucoumet lou
troutabo. La neit ausibon souben bruts dé batterios al tour de l'oustal, lous coutèls puntejabon, ço qu'auion pouscut escouta auio fèit
quilha lous peus retto sus la testo e tourrat lou co.

Sens sabé, de cops, dins la neit, Matelot se lebabo, anabo à sous
batèus : « Me sounon. » Passabo e se dintournabo tout capot sens
digun ; pourtan èi ausit, se disèbo el.

Soun cap se bachabo mai, debenio courcougnut, droumibo plus la
nèit, susous lou prenion, tremblabo, se chamalhabo : « Qu'èi dit,
damandabo, talèu que se rebelhabo ?..... »

Eron en plen co d'iber, la gibrado blanquibo la campagno, las nèits
èron plenos de luno, en coumtant auion pouscut trouba qu'i abio un
an dumpei que lou capelan sounet lou passaire.

Aquesto nèit saré estat embarassan per diso ço qu'abio lou Matelot,
mes n'espritabo pas dins soun lhet : « Me sounon, me sounon, te disi
tenno. »

— Caduc, s'ès toustems cap birat, cluso bal mai.

Uno forço lou pousso, coume s'uno man de fer lou menio pel coupetoun, sat mai se drom ou belho ; marcho, sauto dins lou batèu, es espaurit, soun batèu bai dret coume uno sageto, iè coumpren arres, se ten al mitan, la bergado à la man. Al passadé, se pren à uno souco ; sous els soun grands ouberts ; sous peus soun drets sus la teste ; claquon, sas dents : « Se... se... bou... lès... moun... ta !... »

La pòu l'empougno, nou bei arres ; daban lous jutins, las aubarèdos, lous biulos quilhats coume esqueletos tout acò gemis, se planh al ben. La luno de sas luous d'argen inoundo las costos, Garono e sous bords. La tourrado fei peta las soucos, e coume anabo lacha la que oun se tenio, es que bei mounta de darrèi la mato un grand sourel d'or qu'un presto bestit de blanc e or pourtabo aut al bout das bras. Parechio la grando ostio. Tout uno proucessioun seguis, ben cats al batèu. Quino filado de gens ! mes taucon pas terro, la rason das pès. Met pè sul batèu, lou presto. Touts lou seguisson. Matelot se reculo, abançon may ; pot plus recula, qu'abançon enquouro : n'es plen lou batèu, l'aigo flourejo lou bord. Bol crida, sa lengo nou pot arremuda.

N'in manquo nat ; lous bei touts, lous counèi touts aqués qu'èron dintrats dins soun batèu. Soun presco touts marcats al froun de pous enquero sannous ; mes aqués els iè beson pas, aquelos boucos se droubon pas ; fan la proucessioun sus l'aigo rougido, aquelos oumbros entouran lou grand sourel d'or.

L'aigo toumbo de retto forço dins lou gabarrot, nou pot fa un pleg, Matelot se sen perdut : graço ! graço ! se crido, e l'aire rapporte soun crit. Garono se doubre, uno grando remelho la fermo.

Lou matin dins un ilot cat bat Tounens troubabon un gabarrot chabirat dins lous trouns dou jutins.

Ount anguet lou corps del Matelot digun zou sabout jamai.

Maurice Jouet...

9 782329 090948